亲情的记录

珍藏本

中共中央文献研究室第二编研部⊙编

青岛出版社
QINGDAO PUBLISHING HOUSE

前 言

邓颖超同志生前曾经给周恩来同志的侄子周保章同志写了 50 封信，字里行间记录了她从学习、生活、健康、婚姻、家庭等方面对晚辈的关心和爱护。其中第一封信写于 1957 年 2 月 21 日，最后一封信写于 1981 年 6 月，时间跨越了 20 多年。

周保章同志将邓颖超同志的来信保存至今，从第一封信算起已有半个多世纪。近年，他开始整理这批书信。在整理的过程中发现 1957 年 12 月、1966 年 2 月、1976 年 5 月的三封信只剩下了信封，信件却没有了。另外还有五封重要的信由于一些复杂原因已无法追回，这五封信中的两封是 1957 年 5 月 22 日和 1958 年 9 月 29 日邓颖超同志写的亲笔信。

为了避免这批信件再度流失，周保章同志于 2013 年将手中保存的40多封信捐赠给天津周恩来邓颖超纪念馆。为了更好地发挥这批书信的社会效益，经周保章同志同意，决定由中共中央文献研究室第二编研部组织编辑成书，由人民出版社和青岛出版社联合出版。

这批书信绝大部分是邓颖超同志委托秘书张元、赵炜同志代笔，经她审阅后寄出的。在编辑过程中，周保章同志做了大量工作，特别是他写的一些背景介绍，对帮助读者理解书信的内容十分有益。在出版过程中，青岛市关心下一代工作委员会的徐长聚主任等同志做了大量富有成效的协调工作，在此一并表示感谢。

全书分三部分：

（一）前言；

（二）邓颖超致周保章的信；

（三）附:周保章回忆——那些年，那些事，那些人。

编　者

2014.6

目 录

附：周保章回忆——那些年，那些事，那些人

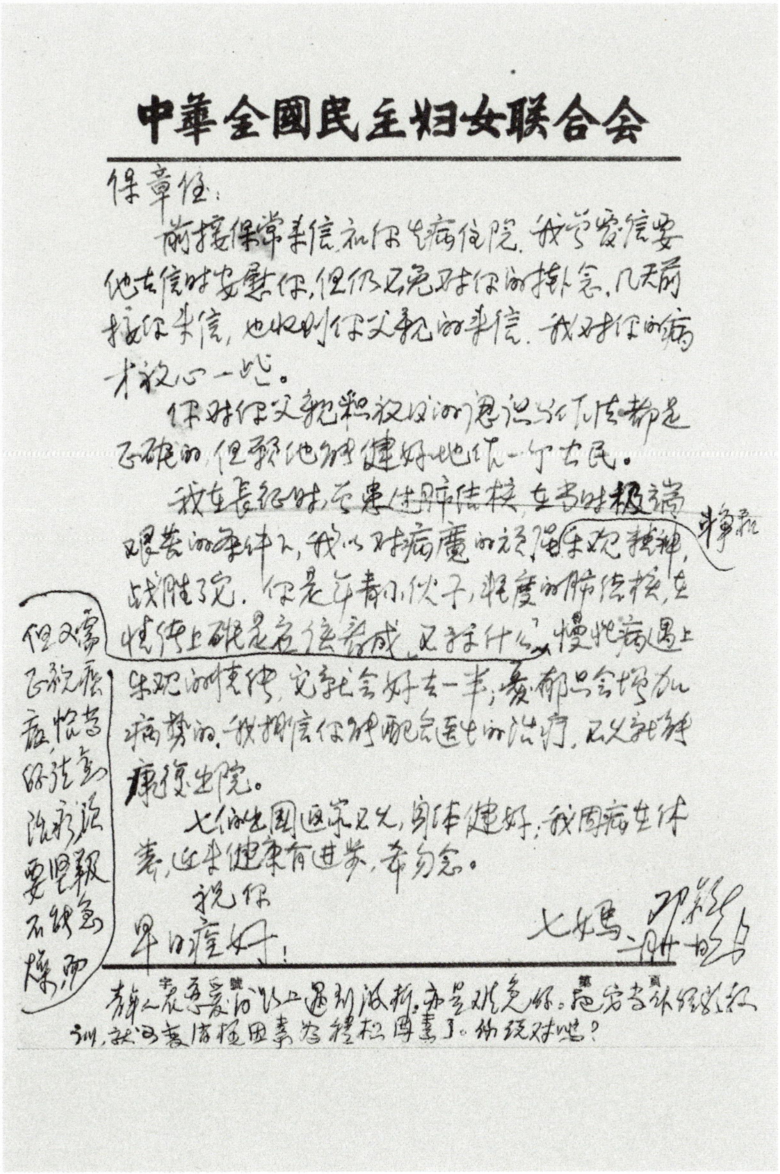

中華全國民主妇女联合会

保章侄：

前接保常来信，知你生病住院，我当发信要他去信时安慰你，但仍不免对你的挂念。几天前接你来信，也收到你父亲的来信，我对你的病才放心一些。

你对你父亲和叔叔的意见和作法都是正确的，但愿他能健好也做一个公民。

我在长征时，曾患过肺结核，在当时极端艰苦的条件下，我以对病魔的顽强乐观精神，战胜了它。你是年青小伙子，轻度的肺结核，在性质上确是应该容易治好的，不算什么，慢性病遇上乐观的情绪，它就会好去一半；忧郁只会增加病势的。我相信你能配合医生的治疗，不久就能康复出院。

但又需正视疾病，恰当的治疗，治疗须要坚韧，不能急躁的

七伯出国返京不久，身体健好；我因病在休养，近来健康有进步，希勿念。

祝你

早日痊好！

七妈 邓颖超

静之在医院时以上遇到波折，亦是难免的。总结经验教训，就可查清各种因素为转机再来了。你说对吗？

第一封信

保章侄：

前接保常来信，知你生病住院，我曾复信要他去信时安慰你，但仍不免对你的挂念。几天前接你来信，也收到你父亲的来信，我对你的病才放心一些。

你对你父亲释放后的认识与做法都是正确的，但愿他能健好地做一个公民。

我在长征时曾患过肺结核，在当时极端艰苦的条件下，我以对病魔的顽强斗争和乐观精神战胜了它。你是年青小伙子，轻度的肺结核，在情绪上确实应该看成不算什么，但又需正视疾病，恰当地注意治疗，需要坚韧，不能急躁，而慢性病遇上了乐观的情绪，它就会好去一半，忧郁只能增加病势的，我相信你能配合医生的治疗，不久就能康复出院。

七伯出国返家不久，身体健好，我因病在休养，近来健康有进步，希勿念。

祝你

邓颖超致周保章的信

早日痊好！

七妈　邓颖超[1]

二月廿一日

青年人在恋爱问题上遇到波折，亦是难免的，把它当作经验教训，就可变消极因素为积极因素了。你说对吗？

通信背景

健康与恋爱（1957年2月21日）

1955年时我二十出头，正是一个朝气蓬勃、阳光帅气小伙子的人生美妙时刻，然而我却遭遇严重打击，跌入低谷。因为1955年在部队体检时，我被查出患有肺结核病。当时这是一种非常可怕的疾病，俗称痨病，有“十痨九死”的说法。我的母亲和妹妹都是患了此病而早早离开了人世。雪上加霜的是，我很看重的初恋也因此而失败。

此时，我被送入医院治疗，脱离了原来的集体，脱离了自己的生活和熟悉而温馨的环境，在一个新环境中倍感压抑。苦闷中我向也在部队的哥哥周保常吐露心声，以求

注[1]：这封信为邓颖超秘书张元代笔，邓颖超亲笔签名，信中用橙色字排印的是邓颖超亲笔加写的，下同。

慰藉。哥哥将我的情况告诉了七伯周恩来、七妈邓颖超，于是我就收到了七妈的来信。七妈的来信犹如一场及时雨，老人家的开导和关怀使我豁然开朗，特别是七妈长征的经历令人心里震撼。

在江西中央苏区时，七妈已患有肺结核，按病情应卧床，尽量少活动。要长征时七妈和七伯商量，因为身体不好不便随军行动，希望留在地方工作。七伯却对七妈说，这是组织决定的，个人不能改变。作为一名党性极强的优秀共产党员，七妈听到七伯传达了组织的决定后，毫不犹豫带病长征。

周恩来和邓颖超长征胜利到达后在瓦窑堡的合影

长征中，七妈被疾病所困扰，体力不支并掉队了，一个人过草地时陷入了泥潭。七妈说她幸亏不敢动，等待后续部队把她救了出来。而一些年轻的战士陷入泥潭后拼命挣扎，越挣扎人越往下沉，最后被泥潭淹没而牺牲。

七妈患肺结核参加长征是令人难以想象的，长征途中不仅休息、营养都跟不上，每天还要行军打仗，爬雪山、过草地、吃野菜、啃树皮。她足足走了两万五千里，不仅顺利完成了长征，而且战胜了疾病，真是创造了奇迹。

七妈在信后说，青年人在恋爱问题上遇到波折是难免的，把它当作经验教训就可变消极因素为积极因素。这使我豁然开朗，再说，这段恋情是我主动切断的。因为肺结核病当时被视为绝症，我不能耽误别人的美好青春，尽管难舍难弃，尽管痛苦异常，我还是这么做了。在医院一住十个月，这也为我提供了一个有利的休养条件，没有健康的身体任何事都无从谈起。

父亲周恩彦

这封信七妈还谈到了我的父亲，我父亲的政治问题影响了我们兄妹近一辈子……

我父亲周恩彦，1905 年 11 月 24 日生，是七伯周恩来的堂弟，他一辈子在铁路上做会计工作，是个普通的铁路职员。由于他与他的七哥周恩来走得比较近，受他七哥的影响，为人正直，同情革命。特别是1938年，在国共第二次合作期间,周恩来负责八路军驻汉(口)办事处工作。为了革命斗争的需要，周恩来将八路军的一架地下电台隐藏在我们家里，我父亲为了保证这架电台的安全和正常工作冒了极大的风险，也付出了艰辛的劳动。这架电台直至撤退时都没有发生过问题，新中国成立后七伯和七妈多次对我们兄妹说："在这点上，你父亲对人民是做过有益的工作的。"1961年，我到北京中南海西花厅与七伯、七妈共同度过了七天的春节假期，才知道时任总理办公室主任的童小鹏同志就是那架八路军地下电台的台长。

1938年在武汉时，七伯周恩来的父亲周劭纲和七妈邓颖超的母亲杨振德，因逃难（日本人侵略）来武汉投靠他们的子女。因八路军驻汉（口）办事处不方便，七伯、七妈和我父母商量后，就安排老人住在我们家，一个多月之后，两位老人陆续转移到重庆红岩村，在那里走完了他们人生的最后路程。那时是七伯、七妈和我们家来往最亲密的时期。

1946年国共和谈，周恩来随毛泽东到了重庆，与蒋介石谈判，我父亲知道后到曾家岩50号去拜会了他的七哥，向周恩来反映了民意，要求和平，支持共产党的主张。这在当时是冒了很大的风险的，因为曾家岩50号早已被恩彦弟：

五三年给你寄钱时写过一信，可是一直没你到東北、錦州后已五个多月，现在身体怎樣？究竟有什么病？你的孩子们都在哪儿工作？我知道保常是党员，保昌、保章、保藝都是团员，现在有什么活动吗？还有其他情况，请你告诉我。

再谈，祝

你健康

同宇 一九五七，五，十三日。

特务分子监视起来，据传凡是进到里面去的人都被特务拍了照片。我父亲在曾家岩50号足足待了一天，第二天才离开，这就更引起了特务的注意。

不出所料，父亲因这次拜访暴露了他与周恩来的兄弟关系，引起很大的麻烦。坐镇武汉衡阳一带的桂系头面人物白崇禧知道后曾下达命令说："这是个危险分子，要严加监控。"那时我们家的窗外总是有人影晃动，陌生人会突然闯入我们家，说是找错了门。我们家有一台美国的收音机，一天气势汹汹地来了好几个人，硬说这是台发报机，把父亲和收音机都带走了。后来父亲虽然被救回来，但他的情绪变得很糟。

1948年，国民党政权即将崩溃，他们仍作垂死挣扎，大肆发展国民党党员。我父亲被逼集体加入了国民党，并被安排了国民党区分部委员的职务。正是这个职务，使他在解放后被列入历史反革命分子，并被判刑入狱。

父亲的政治问题使我们兄妹受到巨大考验，严重影响到我们兄妹的进步和事业。但我们兄妹并不怨恨父亲，理解他的苦衷。母亲早逝，那时父亲才36岁，诸多亲朋劝他再婚，他都没有同意，一直守着我们五个孩子。那时老大才12岁，最小的才6岁。七伯、七妈了解我父亲。1962年我大哥周保昌去西花厅看望两位老人时，七伯和我大哥足足交谈了三个小时。后来我大哥就这一次谈话写了一篇题为《刻骨铭心》的文章，被收录在《年年岁岁海棠开》一书中，文章中记载：当谈到我父亲时，七伯说："他出事后怎么也未来找我们？"大哥告诉七伯："父亲从内蒙古劳动改造提前获释去锦州，在北京转车时身上仅有3毛钱，不敢喝水不敢吃饭，想来找您不好意思，穿的又破

1961年周恩来办公室主任童小鹏在西花厅与周总理侄子、侄女们的合影（前排右二是童小鹏，右一是周秉德，后排右一周保章）

破烂烂的，就没有来。”七伯说：“有什么关系？来嘛，如有困难我们还是要帮助的。”

父亲身陷囹圄，七伯曾叫他的弟弟周恩寿（又名周同宇），即周秉德的父亲给我在监狱里的父亲寄过钱，现在保存下来的周同宇于1957年5月13日写给我父亲的信上写道：“五三年给你寄钱时写过一信，可是一直没有收到你的回信，也不知道你收到还是没有收到。”

1957年3月12日，七妈写给我的信上说：“我也收到你父亲的来信，知道他的病正在治疗，你如去信，请告他安心，治好病再工作。”

七妈在信上对我父亲的话不多，却很是暖人心。而且在1961年国家最困难的时候，物资匮乏，父亲旧病复发，七妈在半年内两次寄钱、寄药，每次寄钱都是100元，这在当时不是一笔小数目，100元相当于一个工人三个月的工资，父亲的病情得以缓解，生活得以改善。

1962年1月27日，父亲还是因为疾病，在我妹妹处病逝，享年56岁。

第二封信

保章侄：

收到你三月三日的来信，我一下就能认出两张照片中谁是你来，你如今长得越像你的三哥了。看照片你的病确是轻的，相信你能很快养好出院。

我也收到你父亲的来信，知道他的病正在治疗。你如去信，请告他安心治好病，再工作。

我的病是高血压，三个月的治疗、静养已好得多了，春暖后会更加健康的，并不是什么恶魔缠住，你放心！

附信寄去苏联的风景画片、名画片共计 12 张，供你在养病中的消遣。

七伯工作忙，但很健好，勿念。

祝你愉快！

给你的兄妹们去信时，代我致意。

七妈[1]

1957.3.12

注[1]：这封信为邓颖超秘书张元代笔。

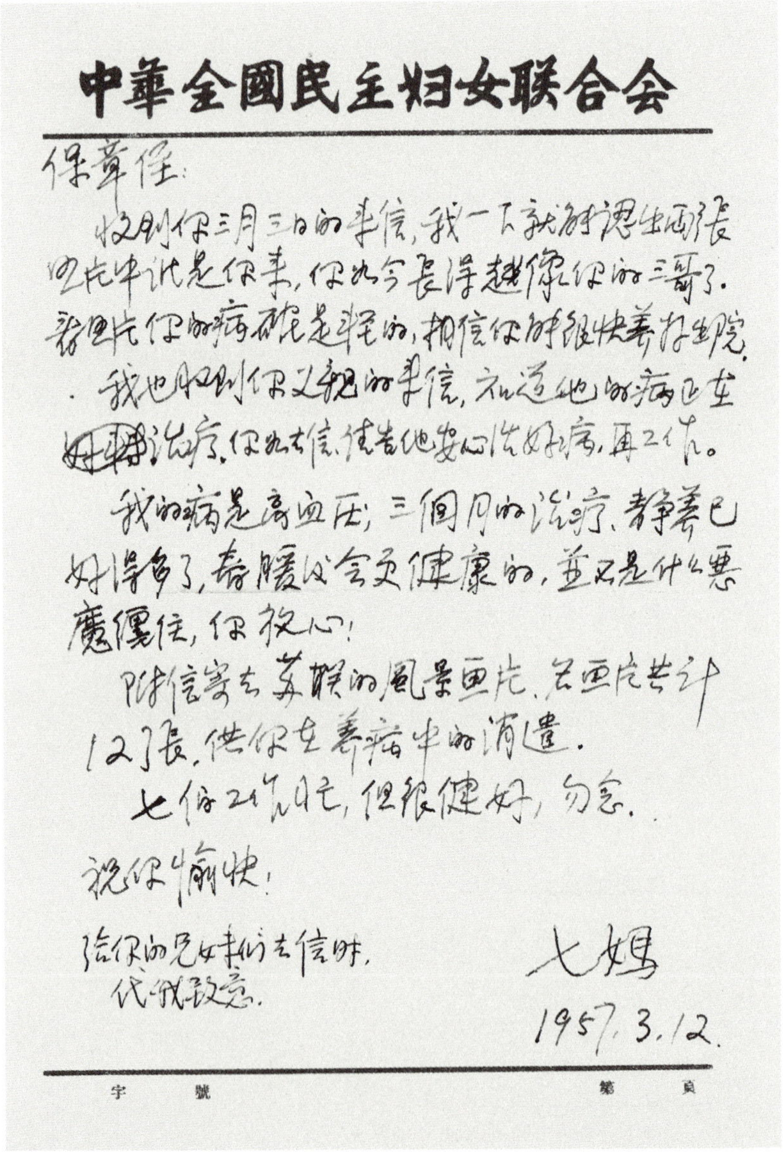

中華全國民主妇女联合会

保章侄：

收到你三月三日的来信，我一下就认得出两張照片中谁是你来，你如今長得越像你的三哥了。看照片你的病确是轻的，相信你能很快养好出院。

我也收到你父親的来信，知道他的病正在治疗，你如去信，告他安心治好病，再工作。

我的病是高血压，三個月的治疗、静养已好得多了，春暖後会更健康的，並不是什么恶魔缠住，你放心！

附信寄去苏联的風景画片，此画片共计12張，供你在养病中的消遣。

七伯工作忙，但很健好，勿念。

祝你愉快！

给你的兄妹们去信时，
代我致意。

七妈
1957.3.12

字 號 第 頁

通信背景

局灶型肺结核（1957 年 3 月 12 日）

七妈看到我在住院时的生活照片说，看照片，你的病确是轻的。看了老人家有些放心，我自己也充满了希望。但医生却不让我出院，一批批病友都康复回部队了，唯独我被留了下来，一直在医院住了十个月才勉强出院。后来我弄清了，我得的是局灶型肺结核，这种病就是病菌被钙化圈包围，病菌难以扩散，但药物也无法进去杀死病菌，这样就要靠自身去慢慢吸收治疗，所以病情好转很慢。而大多数肺结核都是浸润型肺结核，这种类型的病发展快，好得也快，所以一起来住院的病友当时看着比我重，而好起来却很快，三个月就出院了。

局灶型肺结核也有一个标准，就是其直径不得超过一厘米，超过了一厘米就叫结核瘤，结核瘤一般要动手术切除，甚至切掉一叶肺。结核瘤如果不切除，一旦爆发，后果严重，有扩散至全身的危险。

人的心脏在左边，所以左边有两叶肺，右边有三叶肺，医生说人有两叶肺就能正常生活。我的病灶直径一厘米，慎重起见，医生一直留我在医院观察，十个月后才让我出院。但出院后还必须做气胸治疗，就是打气进肺，把肺压缩，防止肺部扩张，挣破肺结核瘤，还要定期复查。直至 1964 年我才彻底摆脱肺结核的纠缠。

第三封信

保章侄：

收到了你3月26日来信，知道你还须休养一个时期，只要你在思想上服从医生的指导，又不放松可能自学的机会，我相信你在短期内会健好出院的。

你在前四个月养病中，自学的成绩很不错，不过，今后的学习安排，还须以养病为主，你的自学计划是否和医生商量过的？

前会我理出你父母亲和你们兄弟妹妹的合照共四张，现寄给你保存留念，或由你翻照后，分送你的兄妹们。

保庄最近给我来过信，我已复信勉励她好好学习。

近来我的健康较前好些，七伯身体也好。

希勿念

祝痊好

（收到照片后，即复信）

七妈[1]

1957.5.4

注[1]：这封信为邓颖超秘书张元代笔。

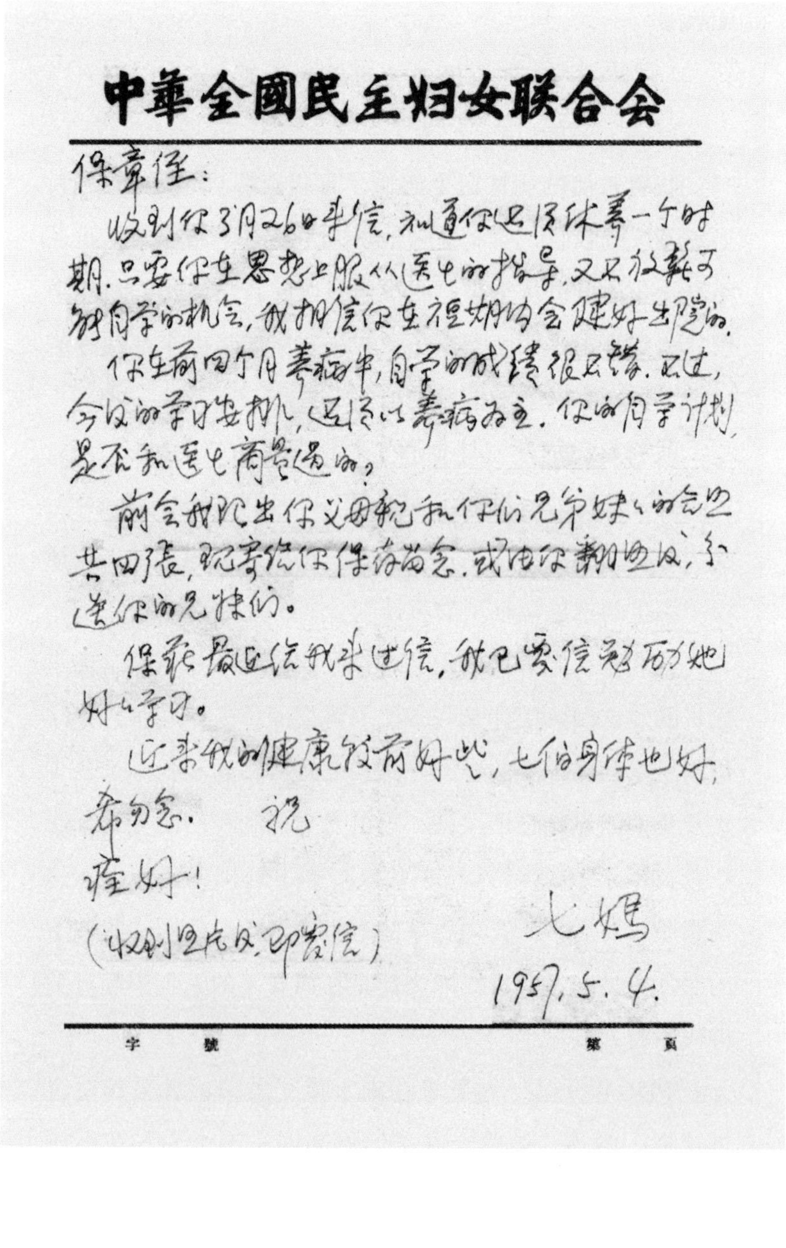
中華全國民主妇女联合会

保章侄：

收到你3月26日来信，知道你还须休养一个时期。只要你在思想上服从医生的指导，又不放弃可能自学的机会，我相信你在短期内会健好出院的。

你在前四个月养病中，自学的成绩很不错。不过，今后的学习安排，还须以养病为主。你的自学计划，是否和医生商量过的？

前今我找出你父母亲和你们兄弟妹妹的合照共四张，现寄给你保存留念。或由你翻照后，分送你的兄妹们。

保华最近给我来过信，我已覆信鼓励她好好学习。

近来我的健康较前好些，七伯身体也好，希勿念。 祝

痊好！

（收到照片后，即覆信）

七妈

1957.5.4.

字 號 第 頁

通信背景

四张老照片（1957年5月4日）

我将自己的病情向七妈做了汇报就收到了她的来信，七妈多次叮嘱我，叫我坚强地从人生低谷中站起来，我还年轻，我还可以从头来。我决定在医院自学文化，我在学校只读到高中一期就参军了，我决定完成高中全部课程的自学，将来有机会可报考大学。

我将自己的学习计划和实施情况报告给七伯、七妈，就收到了七妈的这封来信。七妈担心我因学习影响了治疗，我当时确实急于求成，进度太快。按照七妈的意见，我征求了医生的意见调整了学习计划，保证治疗、学习两不误。

这封信，七妈同时给我寄来了四张老照片，都是极其珍贵的。这四张照片是我爷爷周济渠的单人照一张，我父母周恩彦和葛少文的合影一张，七妈邓颖超和我母亲葛少文及我们四兄妹合影一张，再就是七妈和我们四兄妹合影一张，摄于1938年八路军驻汉口办事处楼顶阳台上。这四张照片对后来研究周恩来的家世起了重要作用。我爷爷的照片更是弥足珍贵，因为他是在周恩来的人生中起过关键作用的人。

1946年9月，周恩来在南京接受美国记者采访时说过这样一番话，被收录在《周恩来同志谈个人与革命历

史——和美国记者李勃曼》之中。周恩来说：“12 岁那年我离家去东北，这是我生活和思想转变的关键，没有这一次的离家，我的一生一定也是无所成就，和留在家里的兄妹辈一样，走向悲剧的下场。”而带领 12 岁的周恩来离家去东北的人就是我爷爷周济渠。

周济渠原名周贻谦，他精通史书，写得一手漂亮的行书，是一个很有学问的人，人称老夫子。他有幸娶到钱能

爷爷周济渠

1938年在八路军驻汉口办事处（大石洋行）楼顶凉台邓颖超与周保章兄妹等合影（前排自左至右：周保常、周保芳、周保庄、邓颖超，后排为赵光宸一双女儿赵忠绮、赵忠继）

训的妹妹、钱二小姐（名叫钱馥兰）为妻。奶奶的哥哥钱能训是光绪年间的进士，1906年任民政部中丞，后任奉天（现沈阳）右参赞、顺天府尹等职。清末时期曾两次出任内阁总理，但两次出任总理的时间也不过半年多一点。大约在光绪三十五年，即1907年，我爷爷携全家到东北投靠他的大舅哥钱能训，被安排到铁岭出任铁岭税捐局主任，并监办铁岭矿务，薪俸优厚，这在当时的周家大家族中算是混得最好的。

1909年秋天，爷爷奉命去湖北赈灾，办完公务，回

了一趟老家淮安。在老家，爷爷看到周家的日子都不好过，特别是他的七弟周贻能，即周恩来的父亲，因为生计漂泊在外，自身难保，周恩来的母亲万冬儿（十二姑）已早逝，只活了 30 岁。年仅 12 岁的周恩来拉扯两个弟弟艰难度日。我爷爷见他侄儿周恩来很聪明，留在家里可惜了，遂商量将年幼的三兄弟分养，将周恩来带往东北，从而改变了周恩来的一生。

七妈邓颖超和我母亲等三个大人和孩子们的照片，是 1938 年在八路军驻汉口办事处（大石洋行）楼顶阳台上

1938 年在八路军驻汉口办事处（大石洋行）楼顶凉台邓颖超与周保章母亲葛少文及孩子们的合影（后排左一葛少文，左二周保常，左三邓颖超，前排小孩自左至右周保芳、周保庄、周保章）

父亲周恩彦与母亲葛少文合影

拍摄的，因为七妈在寄给我照片时，特意亲笔附有一个小纸条，注明了照片的拍摄时间、地点，照片上的人物都做了标记说明。

七妈给我的这两张照片，就是当时我们和赵光宸家聚会时拍下的。七妈告诉我，这两张照片是在八路军驻汉办事处所在地大石洋行楼顶阳台拍摄的，男士们没有上来。因为我是我们家最小的男孩，我妹妹是我们家最小的女孩，而七伯、七妈当时最喜欢的就是我们这两个最小的孩子。

我父亲和我母亲的合影不知道是何时照的，也不知道是何时送给七伯、七妈的。我父亲 1905 年生，我母亲

1907年生，而我母亲于1941年因患肺结核，34岁就离开了人世，看来这张父母的合影，可能是在1938年前后赠予七伯、七妈的。总之七伯、七妈手中保存着我们家祖孙三代人的照片20多年，经过抗日战争和解放战争，在战乱中这些照片能够保存下来，可见是多么珍贵，也反映了两家当时的亲密关系。

照片寄给我时，七妈叫我翻拍，我遵照了七妈的叮嘱，才有这样清晰的照片保留下来。而今天翻看七妈寄给我的四张原版照片都已经泛黄且很模糊了。这四张有关我们家的照片，我们家应该有，但我们家在日寇侵犯时不停逃难，流离失所，从东北铁岭一直逃到大西南的重庆，家庭财物损失殆尽。特别是1943年，我们家逃到了贵州省独山，一天清晨，人们被街上的嘈杂声惊醒，只听人们狂奔着人声喊道:“不好了,鬼子杀来了！”哪还管什么财物，逃命要紧，家家弃门而逃。这次逃亡使得爷爷一生和父母大半辈子的积累，最后所剩精品全部留在了独山，这些照片自然也就丢弃了，我们家成了真正的无产者。

第四封信

保章侄：

前后两封来信，我和七伯都看了，知道你的病好些，我们都很高兴。同意你在疗养期间，坚持进行学习的计划。不过，须得医生的同意，不可因此影响健康的恢复才好。

当你在报纸上看到我能频繁活动时，我就无空回你的信。忙过一段时期，在上上月底，我就又因疲劳发病了。医生诊断是:神经极度衰弱的疲劳病症群,现服中药，须治疗休养半年。我和慢性病斗争的经验主要是：坚持、坚韧与病作斗争。力戒主观急躁，严格地遵守规定，力避返工，逐步的巩固，取得胜利。这点经验，也可供你在养病中的参考。

你对你父亲在政治上提高警惕，思想上帮助他，生活上对他照顾，这些原则和做法都好，希望你能坚持下去。

七伯的工作虽然繁重，但幸他的精神身体均健好，你可释念！

中華全國民主妇女联合会

保華侄：

前后两封来信，我和七伯都看了。知道你的病好些，我们都很高兴。同意你在疗养期间，坚持进行学习的计划。不过，须得医生的同意，不可因此影响健康的恢复，才好。

当你在报纸上看到我外出参观活动时，我就应空回你的信，忙过一段时期，在上月底，我就又因疲劳发病了。医生诊断是：神经极度衰弱的疲劳病症群。现服中药，须治疗休养半年。我和慢性病斗争的经验主要是：坚持，坚韧与病作斗争，力戒主观急燥，严格地遵守规定，加强反攻，逐步的巩固，取得胜利。这点经验，也可供你在养病中的参考。

你对你父亲在政治上提高警惕，思想上帮助他；生活上对他照顾，这些原则和做法都好，希望你们坚持下去。

七伯的工作虽繁重，但幸他的精神

字　號　　　　第　頁

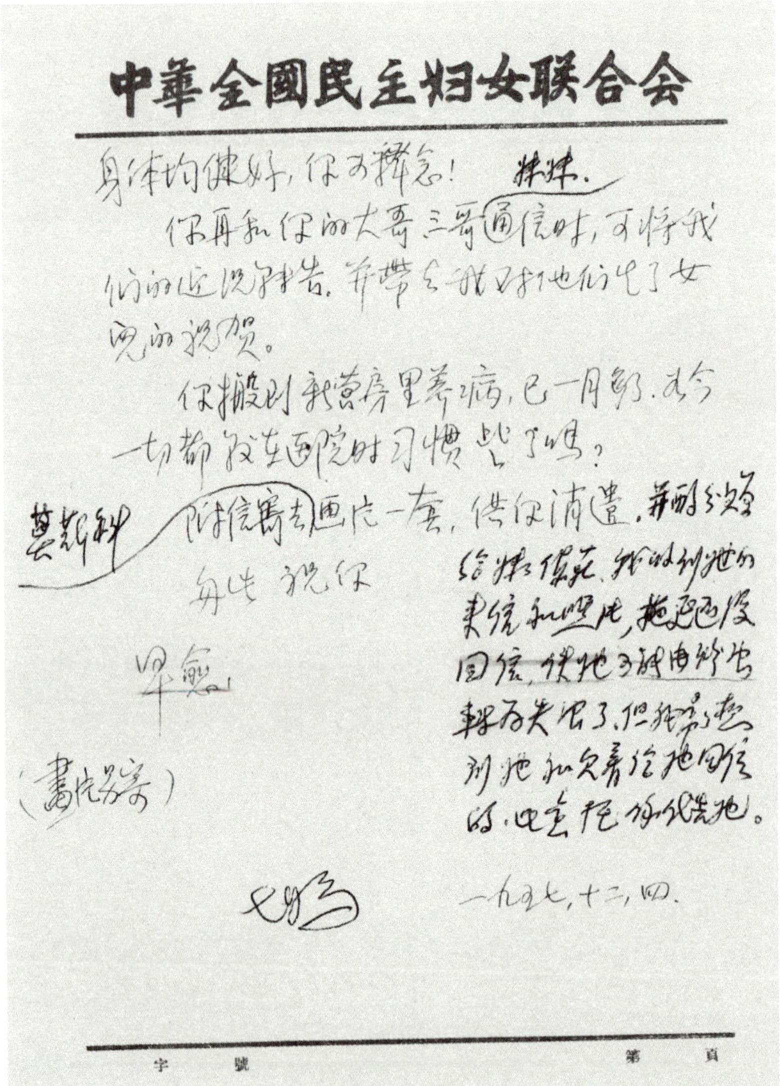

中華全國民主妇女联合会

身体均健好，你可释念！ 妹妹。

你再和你的大哥三哥通信时，可将我们的近况告诉他们，并带去我对他们生了女儿的祝贺。

你搬到新营房里养病，已一月多，如今一切都较在医院时习惯些了吗？

附信寄去画片一套，供你消遣，并明信片给妹妹保存。我收到她的来信和照片，拖延未复回信，但我把她的通讯处弄丢失了，但我当时想到她和父亲给她回信的，也要托你代告她。

墨新科

毋忘 祝你

早愈

（书信另寄）

七妹

一九五七，十二，四。

宇 號 第 頁

你再和你的大哥、三哥、妹妹通信时，可将我们的近况转告，并带去我对他们生了女儿的祝贺。

你搬到新营房里养病，已一月多了，如今一切都较在医院时习惯了些吗？

附信寄去莫斯科画片一套，供你消遣，并酌分赠给妹妹保庄，我收到她的来信和照片，拖延还没回信，使她可能由盼望转为失望了，但我常常想到她和欠着给她回信的。此点托你代告她。

匆此

祝你早愈！

（画片另寄）

七妈[1]

一九五七.十二.四

通信背景

七伯的关心使我惊喜（1957年12月4日）

这封信七妈一上来说："这两封信我和七伯都看了。"这使我感到异常惊喜，这说明七伯也在关心我。七伯他日理万机，公务繁忙，时间何其宝贵。何况，我给两位老人

注[1]：这封信为邓颖超秘书张元代笔，信中用橙色字排印的是邓颖超亲笔加写的。

的信都写得比较长，七伯不但看了信，还和七妈说了话，七妈在信上说：“我们都很高兴，同意你在疗养期间，坚持进行学习的计划。不过，须得医生的同意，不可因此影响健康的恢复才好。”

我反复阅读了这封信的第一段，一共63个字，越看心里越暖融融的。七伯和七妈如此关心我，我一定要遵照两位老人的教导，好好养病，争取尽快痊愈，不让老人家分心、牵挂。

我想起1961年春节，我第一次到西花厅做客，中午吃饭时就只有七伯、七妈和我三个人，四方桌还空着一方。那时七伯六十出头，反应快速，行动敏捷，真是令人舒心。七伯那时吃两碗饭，一会儿他就吃完了，他坐在沙发上休息。我当时二十几岁，当兵的出身，吃饭自然也快。七伯见我也吃完了饭就招呼我过去，他利用饭后小憩的时间了解我的情况，得知我在工厂工作，感到很高兴。七伯说，我们周家又有一个人直接在工人阶级队伍里了，并给我许多鼓励的话语。

1964年，七伯利用一次手术后的休息时间，专门把在北京的亲属招到西花厅，开了一次家庭会议，谈人生，谈思想，告诉青年人要过“五关”。在当时的社会情况下，七伯指的“五关”是“思想关、政治关、家庭关、社会关、生活关”。在这次会议上，七伯还说了这样一段话：“我们周家从来没有出过一个工人，国盛来了就决心培养她做工人，开始她想不通，现在她做了八年的工人，培养一个工人可不容易。”

国盛即周国盛，是六爷爷周嵩尧的重孙女。周嵩尧原名周贻良，在周家“贻”字辈排第六，我爷爷周贻谦在“贻”字辈中排第三，周恩来的父亲周贻能在“贻”字辈中排第七，故我爷爷是周嵩尧的堂兄，是周恩来的三伯父，周嵩尧是周恩来的六伯父，我尊称周嵩尧为六爷爷。六爷爷是一个很有学问的人，18 岁时考中全县第一名秀才，25 岁时考中丁酉科第 35 名举人。曾由江北提督王士珍保荐进京，经光绪帝和慈禧太后在颐和园仁寿殿集体召见面试，委为邮传部郎中，掌路政司。1908 年，六爷爷曾任漕运总督衙门总文案，他在任职期间由于政绩卓著，曾获二等文虎勋章等嘉奖。

1961 年北京北海公园合影（自左至右周尔辉、周国盛、周保章、周尔萃）

周嵩尧不仅学识渊博，而且官德好，是一个顺应时代潮流的人。1915 年，袁世凯倒行逆施称帝，时任袁世凯秘书的周嵩尧愤而辞职，宁愿回家赋闲，也不做助纣为虐的事。这一点特别受到周总理的赞扬。1951 年 6 月，周嵩尧由政务院副秘书长齐燕铭推荐，政务院总理周恩来批准，被正式聘为中央文史馆馆员。周总理曾说："袁世凯称帝时你没有跟着他跑，这是政治上有远见的做法。现在人民当家做主人了，你应该出来为人民做点事。"

周恩来曾几次邀请周嵩尧来到西花厅，向他请教一些历史问题和吏制管理等，如明末清初各级官吏工资的安排等等，周嵩尧皆一一给予耐心讲解。他为自己能老有所为而感到欣慰。

1961 年，在西花厅，我见到了也来探视七伯、七妈的周嵩尧的重孙女周国盛。论辈分，她称周恩来为七爷爷，尽管我与她的年龄相仿，但我也长她一辈。那时她在石家庄市国棉一厂做细纱女工，是生产一线的产业工人。七伯、七妈对国盛特别关照，什么事都照顾她，不断鼓励她在工厂好好工作，好好劳动。

七伯知道我也在工厂工作，就向我了解工厂的情况。当时国家处于困难时期，七伯特别关心工人的生活，他甚至向我打听当时工人每顿饭都能吃到什么东西。那时，物资匮乏，粮食更缺，工人都饿肚子，再加上缺乏营养，好

周保章在青岛通用机械厂工作了34年，当过工人、车间主任和管理人员。

多人都患有水肿病，影响生产。七伯听了以后表情凝重，我们谈话也就十来分钟，七伯看看手表，我知道七伯忙，就赶紧说："七伯，有事您忙吧。"七伯边站起来边对我说："保章，你要以普通劳动者的身份坚持在基层。"这话很严厉，意思指我不要搞特殊，我诺诺称是。这时七伯两眼盯着我，我不敢看他，低下了头。又听到七伯提高了嗓门对我说："你本来就是普通劳动者嘛。"当时我心里怦怦直跳，脸上也觉得发热，然而我却记住了七伯的这句话，并身体力行。

现在，我已经是耄耋之年，退休也有二十多年了，回首往事感到惭愧，一生未能为祖国、为人民、为党多做些事，贡献甚小，感到汗颜。但有一点尚可聊以自慰，那就是我遵照了七伯、七妈的教导，一生坚持在基层，从学校到军队、到工厂，做了一名诚实的、积极的普通劳动者，没有辜负他们的期望。

作为一个诚实的普通劳动者，我一生低调行事，没有去吹嘘自己的社会关系。我是1950年随部队进入青岛的，来到青岛已有63年之久。而在很长的时间里，人们并不知道我的身份。1996年，患有癌症的我到北京做手术出现了意外，生命垂危，医院发出了病危通知书，惊动了中央组织部，青岛市委接到了上级的通知后才知道了我的身份。

1958年，我由部队转业到青岛通用机械厂，那时我才25岁，一干几十年直至退休，我始终在最基层坚守自己的岗位，不辱使命。

作为一个积极的普通劳动者，我一生工作履历44年，都是在基层最普通、最平凡的岗位上。在部队我当过战士，当过班长、干事等，在工厂我干过工人、车间主任、文书、计划员、调度员、科长等。岗位虽然平凡，但我却尽职尽责，积极努力，从不懈怠。由于出色完成本职工作，在部队立过功，受过部队的通报嘉奖，在工厂我是先进工作者。退下来后我继续发挥余热，不索报酬，被评为省市优秀共产党员、省模范老人、全国先进等荣誉。

这封信七妈还向我通报了七伯的情况："七伯的工作虽然繁重，但他的精神状态很好，你可释念。"这话听了让人感到好温暖，我也以七妈把我当做自家人而感到无比骄傲。

七妈在这封信中还惦记着我的病情康复等情况。这时我虽然已经出院，但还有些后续治疗，部队因在外地野营执行任务没有条件，恰好新营房在青岛市内刚建好还未使用，领导便安排我在新营房养病，实际上也是叫我看守新营房，这样一举两得。

新营房虽然只有我一人，但我并不感到寂寞。除了看守营房，我还能抓紧时间自学，这时高中三年的数理化课程我基本都学完了，准备报考大学。因为得了肺结核不可能再留在部队服务了，我必须考虑怎么走自己人生的下一步。另外我在新营房还适当劳动，恢复增强体力，以便以后参加工作。

第五封信

保章侄：

你的来信收到很久了，因病因忙延迟作复。

保庄的病况，我们很惦念，曾向医生了解，他们说：可能由于突然和过猛的劳动引起的，进行外科手术可以治好。不知她回汉口休养以后，近况如何？有信给你吗？念念！

你的身体怎样？劳动后对你的病情有无帮助？生产情况如何？应注意劳动强度，以不影响你的肺病治疗为好。

我近来病体有进步，精力较前好，但仍须休养，准备离京休息一个时期，秋凉返京。七伯也很好，希勿远念。

匆祝

健好！

七妈[1]

1958年6月30日

注[1]：这封信为邓颖超秘书张元代笔。

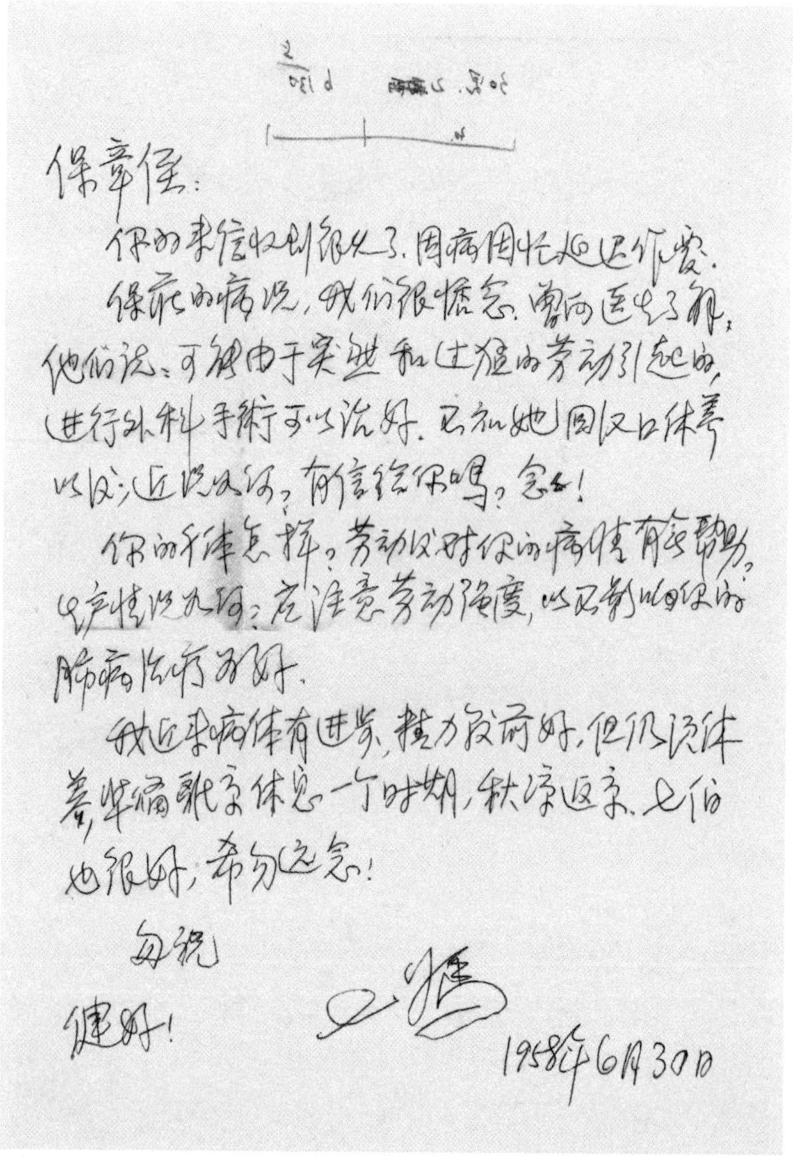
保章侄：

你的来信收到很久了，因病因忙迟迟作复。

保庄的病况，我们很惦念，曾向医生了解，他们说：可能由于突然和过猛的劳动引起的，进行外科手术可以治好。不知她回汉口休养以后，近况如何？有信给你吗？念念！

你的身体怎样？劳动以对你的病情有否帮助？生产情况如何？应注意劳动强度，以免影响你的肺病治疗为好。

我近来病体有进步，精力较前好，但仍须休养，准备就去休息一个时期，秋凉返京。七伯也很好，希勿远念！

即祝

健好！

小超

1958年6月30日

通信背景

准备高考（1958 年 6 月 30 日）

我妹妹周保庄因劳动用力不当，扭伤了肢体，但她很快就康复了，并不需要手术治疗，可见七妈对我妹妹也是挺关心的。

七妈问我的身体近况。其实我的身体按时进行气胸治疗，病情趋好，加之生活规律，适当劳动，身体也结实了。当时我正在附近一所学校的高三毕业班复习功课，准备报考大学。这时部队组织通知我，已确定我转业地方工作，并决定保送我去上大学，是在济南的一所邮电学院。这样我就没有报名高考，但复习功课没有中断，因为中学课程复习好，有利于大学的学习。

第六封信

周保章同志：

我是邓颖超同志的秘书。

你九月四日来信，她已收到了。

近来邓大姐的身体尚好，只是工作又忙一些，所以嘱我代她复信。她知道你的健康已日趋巩固，工作也有了“门道”，很高兴。她知道你在国庆假期，想来北京，她也很想看你。但因为今年是十周年大庆，外宾及各省来观礼的人较多，所以上级有通知，凡在京干部的亲属，尽可能不要在国庆节期间来京探望，以减少车辆运输及供应的拥挤情况。为执行规定，她很歉然地望你推迟来京，七伯和她的身体都健好，请放心。

专致

敬礼！

张元

1959.9.10

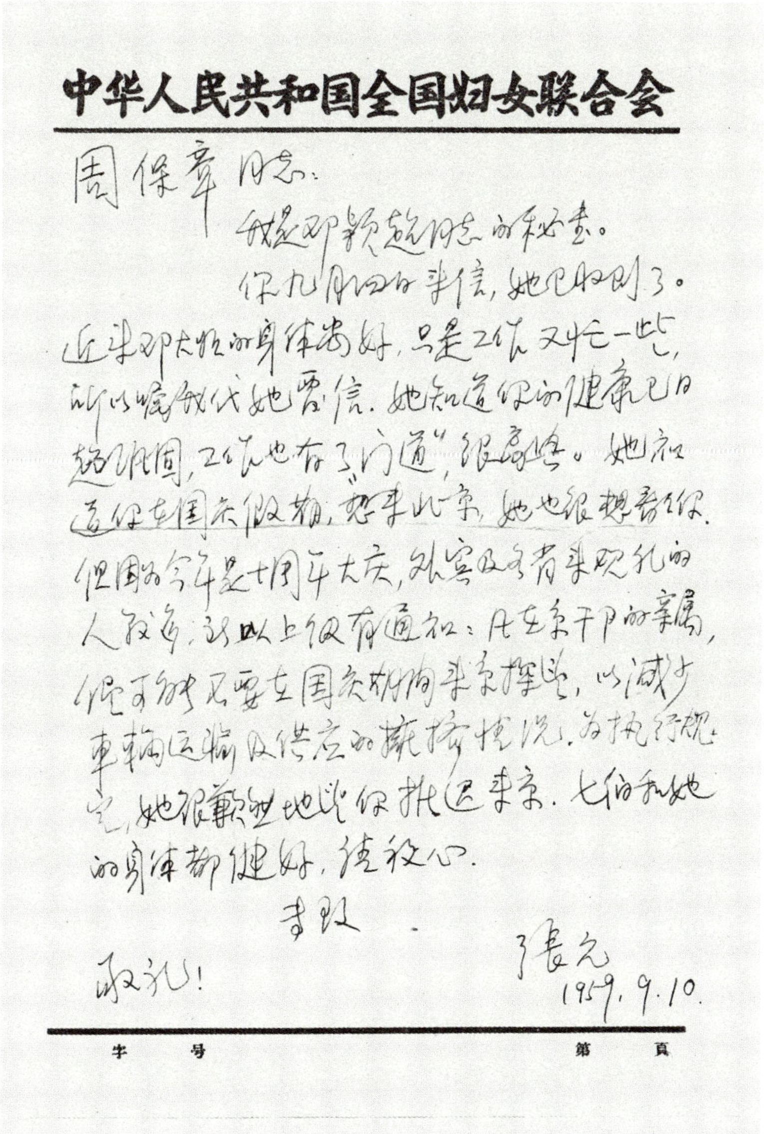
中华人民共和国全国妇女联合会

周保章同志：

我是邓颖超同志的秘书。

你九月四日来信，她已收到了。近来邓大姐的身体尚好，只是工作又忙一些，所以嘱我代她覆信。她知道你的健康已日趋好转，工作也有了门道，很高兴。她知道你在国庆假期，想来北京，她也很想看看你。但因为今年是十周年大庆，外宾及各省来观礼的人较多，所以上级有通知：凡在京干部的亲属，但可能不要在国庆期间来京探望，以减少车辆运输及供应的紧张情况。为执行规定，她很歉然地说你推迟来京。七伯和她的身体都健好，请放心。

此致

敬礼！

张元
1959.9.10.

字　号　　　　第　页

遵守纪律的模范（1959年9月10日）

部队组织保送我上大学的事“黄”了，原因是当时处于大跃进时期，好多事超出了客观规律，实干起来不免困难重重，难以实现。济南邮电学院还没有开张就“下马”了，这样我就错过了上大学的机会。转业地方工作，部队组织对我很照顾，让我在北京、杭州、青岛三地任意选择，我为了尽快工作，于1958年11月选择了转业青岛。

我转业到的工厂很小，不足百人。没有正规的厂房，车间是拉上铁栅栏露天工作，也没有大门，在墙上挂了一个牌子，叫“来顺机械修配厂”（公私合营），实际上是个小作坊。但分配工作时领导说，它在大跃进中很快就会发展起来。

我到这个小工厂的厂长办公室当文书，我在部队时任团机关的政治干事，到这个小工厂工作，没有任何沮丧情绪。我事先都想过了，工厂再小也有我的岗位，人数再少也有我活动的空间，我还年轻，可以从头来。工厂的领导和工人都很欢迎我，毕竟我是一名很年轻的军队转业干部，比较有文化，工作很热情，很快领导就让我兼任团支部书记。年轻人要不怕担子重，勇于迎接挑战。

文书工作不是专业性和技术性的工作，经过一段时间的熟悉，我就把厂长办公室的工作理顺，收发文件、建立档案、组织会议、准备材料、接待宾客等。另外我还带领团员青年开展各种文体活动，出板报、开晚会、进行球类竞赛、举办增产节约展览会，使这个小工厂活跃起来，厂长和群众都很满意，工人们都亲切的称呼我为“小文书”。我将这些情况向七伯、七妈汇报，张元时任邓颖超的秘书，在来信中说：“七妈听说你工作也有了‘门道’，很高兴。”

工作稳定了，身体也已康复，我就想去北京探视七伯、七妈。但1959年是共和国十周年大庆，为了减轻压力，中央决定凡在北京工作的干部的亲属，尽可能不要在国庆节期间来京探望，这是为了减少人员过多与拥挤。七伯、七妈都是遵守纪律的模范，七妈在来信中说：“很歉然地望你推迟来京。”我当然要支持七妈的决定，就没有进京。

第七封信

周保章同志：

你12月5日给你七伯七妈的信已收到。七妈已去南方休养，约于明春暖和时返京，有机会我当将你的信转给她。

现随信寄去“群众防痨”一份，是七妈嘱寄给你参考的，请收。

七伯工作繁忙，但精神尚好；七妈的身体也比以前好些，请释念。

专此致

敬礼！

七妈的秘书 张元

1959.12.19

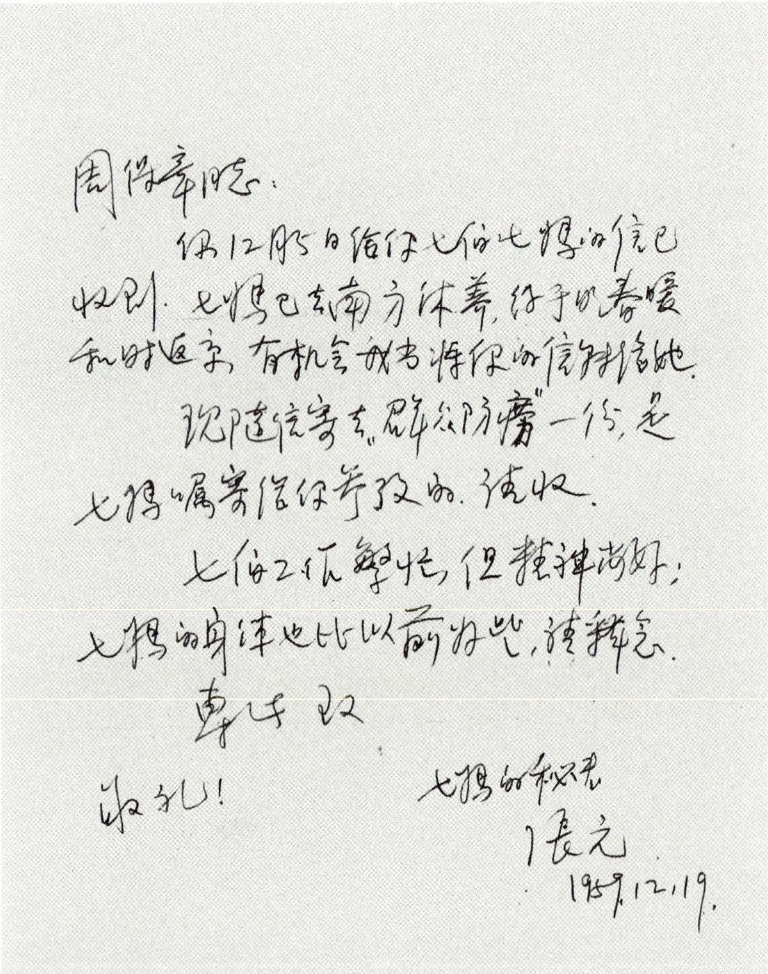

周保章同志：

你12月5日给七伯七妈的信已收到。七妈已去南方休养，待于明春暖和时返京，有机会我当将你的信转给她。

现随信寄去《群众防疫》一份，是七妈嘱寄给你参考的，请收。

七伯工作繁忙，但精神尚好；七妈的身体也比以前好些，请释念。

专此致

敬礼！

七妈的秘书

张元

1959.12.19.

通信背景

母爱（1959年12月19日）

秘书张元说我的信她已经收到，并通知我，七妈去了南方休养。七妈给我寄了一份“防痨”杂志，指导我如何才能更好康复，可见七妈总是想着我的肺结核病，这使我心里特别温暖。

母亲病逝时我才7岁，加上我们家孩子多、间隔密，上面的哥哥比我大一岁多，下面的妹妹比我小一岁多，我在母亲的怀抱里还没有暖和过来，她老人家就离开了。缺少母爱的童年是最不幸的。

记得我上小学的时候，我和一个同学正在玩耍时，他的大姐来叫他，一把把他抱在怀里，姐弟俩那样亲密的情节顿时让我看傻了眼，直愣愣地瞅着他们离去的背影。我伫立在那里，情绪骤然低落，久久没有动弹。一直在想，怎么没有人来抱抱我呢？幼小的心灵被重重地划上了一道，是那样的深刻。从此，我看那位同学的眼光里充满了艳羡。以至于70多年以后的现在，我还是会经常回忆起那一幕，清晰犹如昨日之事。该同学也是我70多年前在那个小学中唯一能够叫得出名字、记得住模样的一个。

第八封信

保章同志：

一月八日来信已收读了。

记得我在上次信中，曾告诉你，七妈已去外地休养，要到春暖（最早也在二月中旬以后）时才返京。因为七妈不在家，你七伯的行止情况，我也不清楚，总之他的工作是特别地繁忙，来去无定，我很能理解你“每逢佳节倍思亲”的情绪，但是，七妈不在京，春节恐不能实现你的愿望了，预祝你在紧张的工作之后，善于安排你的假日，愉快地过节，身体更加健康！并祝

工作进步！

张元

1960 年 1 月 14 日

中华人民共和国全国妇女联合会

保章同志：

一月八日来信已收读了。

记得我在上次信中，曾告诉你，七妈已去外地休养，要到春暖（最早也在二月中旬以后）时才返京。因为七妈不在家，你七伯的行止情况，我也不清楚。总之他的工作总是特别地繁忙，来去不定。我很能理解你"每逢佳节倍思亲"的情怀。但是，七妈不在京，春节恐不能实现你的愿望了。预祝你在学习和工作之余，善于安排你的假日，愉快地过节，身体更加健康！并祝

工作进步！

张元

1960年1月14日

字　号　　　　　　　　第　　頁

通信背景

急躁情绪（1961年1月14日）

秘书张元的回信，反映了我当时急于去见七伯、七妈的情绪。1959年12月19日，张元秘书来信告诉我，七妈去了南方，要于次年春暖时返京，这才一个多月，我怎么会又提出要求进京呢？那时我是二十几岁的年轻人，记忆力就那么差吗？可能由于频繁与七伯、七妈通信，拉近了我们之间的距离，老想着去见见他们，又知道他们也很想见我。只是1959年国庆节为十周年大庆，因此去京的事才暂缓下来，我便出现了急躁情绪。

第九封信

亲爱的保章侄：

我很久没有得到你的信，正在悬念，有点不放心，是因为病了？最近接到你的两封信，附寄的照片和两张奖状，才知你因为作政治上的努力，没有给我信。从来信中，知道你在思想、工作、学习各方面都继续有进步。同时经过劳动的考验，身体健康也巩固了，使我感到极大的喜慰。

你在对待申请入党的问题上，你的观点和作法是对的，党的门总是敞开着的。只要你能坚持正确的立场，只要自己在各方面不断有进步，终会得到组织和同志们的了解，使问题得到解决的。党有权审查你，你也应积极地让党了解你，你在争取入党的过程中，就是靠拢党和受到党的教育的过程，从而使自己在思想、立场上更可以得到锻炼和进步。

为了奖励你的理论学习学得好，现又开始工业经济专修科的函授学习的需要，特从伯伯和我的毛泽东选集

中华人民共和国全国妇女联合会

亲爱的保章侄：

我很久没有得到你的信，正在悬念，有点不放心，是因为病了？最近接到你的两封信，附寄的照片和两张奖状，才知你因为作政治上的努力，没有给我信。从来信中知道你在思想、工作、学习各方面都继续有进步，同时经过劳动的锻炼，身体健康也强固了，使我感到极大的喜慰。

你在对待申请入党的问题上，你的观点和作法是对的，党的门总是敞开着的。只要你能坚持正确的立场，只要自己在各方面不断有进步，总会得到组织和同志们的了解，使问题得到解决的。党有权审查你，你也应积极地让党了解你。你在争取入党的过程中，就是靠拢党和受到党的教育的过程，从而使自己在思想、立场上更可以得到锻炼和进步。

字　号　　　　第　页

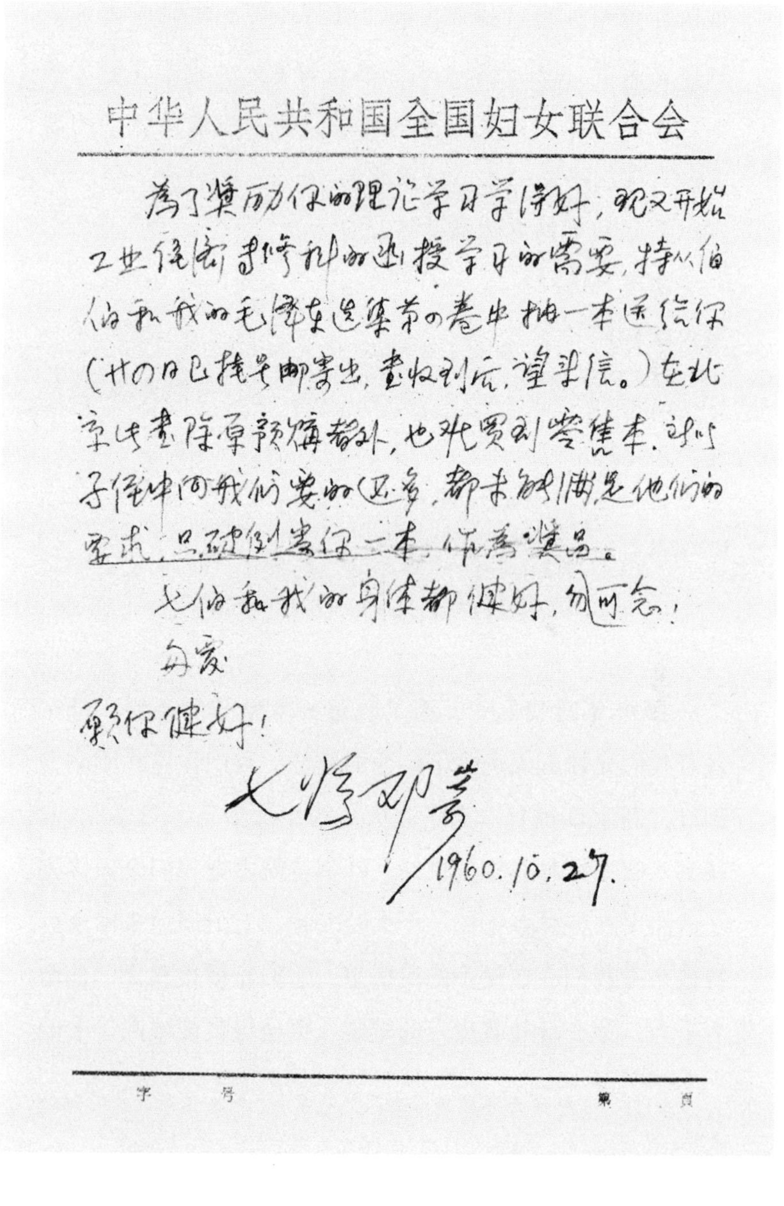

中华人民共和国全国妇女联合会

为了奖励你的理论学习学得好，现又开始工业经济专修科的函授学习的需要，特从伯伯和我的毛泽东选集第四卷中抽一本送给你（廿四日已挂号邮寄出，盼收到后，望来信。）在北京此书除原预备者外，也难买到零售本，许多子侄中问我们要的还多，都未能满足他们的要求，只破例寄你一本，作为奖品。

七伯和我的身体都健好，勿念！

匆复

愿你健好！

七妈 邓颖超

1960.10.27.

字　　号　　　　　　　　第　　页

第四卷中抽一本送给你（廿四日已挂号邮寄出，书收到后，望来信。）在北京此书除原预购者外，也难买到零售本。所以子侄中向我们要的还多，都未能满足他们的要求，只破例寄你一本，作为奖品。

七伯和我的身体都健好，可勿念。

匆复

愿你健好！

七妈邓寄[1]

1960.10.27

通信背景

信仰共产主义（1960年10月27日）

1939年时我6岁，为了躲避日本鬼子的杀戮，母亲领着我们兄妹五人逃到了广西的桂林。我们在桂林刚刚安顿好，新家就被日本鬼子在大轰炸中炸毁了。母亲无奈，就到八路军桂林办事处求助，叶剑英同志把我们全家接到了八路军在桂林乡下的一个大院安顿。七伯周恩来回来后特地来看我们，在矮小的民房里，七伯显得很高大。他留着平头，穿一身扎着皮带的军装，更显得英俊威武。七伯

注[1]：这封信为邓颖超秘书张元代笔，“七妈邓寄”为邓颖超亲笔。

是站着和我母亲说话的，可见他的公务有多繁忙，我记得七伯还用手摸着我的脑袋。这时我的脑海里就印入了七伯的形象，虽然以前也见过七伯，但那时我太小，没有留下印象。

在我的印象里，这个农村院落很大，里面住着很多八路军战士，这些年轻的八路军战士纪律严明，友好善良。看到他们出操、练兵、学习、唱歌，刚刚开窍的我也被注入了强大的正能量。我很喜欢这些年轻的八路军小战士，也很羡慕他们。

这个大院里有一个大哥哥，他也同样被这些年轻的、生龙活虎的八路军战士所感动，他就把我们这些小孩组织起来，模仿八路军战士活动。令我印象最深的是，他把我们组织起来轮流站在马路边，给过往的军人敬礼。我们也扎着腰带，戴着帽子，昂首挺胸。在我们心中，这些军人叔叔是打鬼子的英雄，劳苦功高，我们要向他们学习。他们微笑着向我们还礼，有的军人叔叔还向我们竖起大拇指。

大院里的八路军战士经常上街演出活报剧，一个张狂的日本鬼子手拿着军刀，一会儿从中国地图上把黑龙江割下吃掉了，接着又把吉林省、辽宁省割下吃了，又耀武扬威地把黑手伸向了华北，这时台上出现了愤怒的中国人，大家团结一致，奋起反抗，把日本鬼子淹没了。那时，我们院里那个大哥哥就领着我们在场地周边维持秩序，这个

领着我们向八路军战士学习的大哥哥，后来我才知道他是叶剑英的儿子叶选平。虽然在桂林八路军大院住的时间不长，但他却在我小小的心目中播下了一颗小小的革命种子。

我自幼就憎恨日本鬼子。爷爷原来在东北铁岭沈阳一带安家，由于日本鬼子觊觎东北，不断挑衅，民众也不得安宁，爷爷就把我们家搬到了天津。然而日本侵略东北后又向华北犯来，爷爷又把家搬到了南京，不曾想日本鬼子的野心越来越大，妄图并吞中国，一路杀来，我们的家就从南京搬到了武汉，后又向湖南的衡阳、广西的桂林、贵州的贵阳迁移，直至大后方的西南重庆市才停下。我的童年就是在不断逃难搬家的过程中度过的，我的小学几乎没有读过一个完整的年级。

逃难中爷爷、奶奶、母亲、妹妹、弟弟先后在战乱中死去。母亲只活了 34 岁，弟弟死的时候不到 3 岁，父亲要押运公文，不能脱身。只有一个小脚保姆领着我们五兄妹走，最大的哥哥才十一二岁，却是个残疾人，一条腿长，一条腿短，行动很不方便。那时，我才六七岁，下边还有两个妹妹，真是一群老弱病残！

开始我们也是随着大队人马走，很快我们就掉队了，前后都没有人影，恐怖的情绪涌上心头，害怕日本鬼子追上我们，但越是发急越走不动。最小的妹妹才四五岁，走不动就哭。我哥哥周保常算是最棒的一个，但也只是比我

大两岁，他自告奋勇背着妹妹走，但他也不过是个九岁的孩子。没有办法，大家还是一步一步往前挪。从独山到贵阳，我查了一下，不过 200 公里，我们却从秋天走到了冬天，一路上没有水喝，没有饭吃，只能到庄稼地里找点收成后的地瓜头、野菜，甚至是吃死驴肉来充饥，晚上我们就在路边弄点稻草挤在一块胡乱睡下。

记得在贵州境内，有一座在必经之路上叫雪峰山的大山，山上常年积雪，汽车要爬一天。我们这群老弱病残在这大山里转悠多天，山里的气温很低，我们穿着秋装，尽管挤在一起，也冻得无法入睡。越冷越是惊恐，这么大的山，山上有没有野兽？野兽来了怎么办？给我印象深刻的是，一辆十轮大卡车从头顶呼啸而过，我抬头望着这辆即将消失的大卡车很是羡慕，车上的人们得有多幸运，能够坐汽车逃难。然而，当我们下山时，看到了骇人的一幕，这辆从我头顶呼啸而过的十轮大卡车翻车了，坠入了沟底，从山顶往下看，到处都是受伤的人们，有的还在呼救。我们这群落到最后边的老弱病残没有能力施以援手，只能站在那里无可奈何。

八年抗战，我和我的家人逃了八年的难，1945 年日本无条件投降时，我才 12 岁，苦难的童年使我明白日本鬼子的可恨。抗日战争胜利的那天晚上，我们和全国人民一样欢庆了一夜。胜利告诉我们，再也不用逃难了，再也不

用躲鬼子的飞机轰炸了。这使幼小的我明白国家要强大，民族要独立。

我的中学是在铁路中学上的，那时整个粤汉铁路只有一所中学，全线铁路员工的子弟要上中学都要到这里来。学生们随着他们的家长在铁路沿线流动，到过的地方多，见过的世面广，因而学生的素质较高。那时铁路待遇好，地处沦陷区停课的优秀教师都愿到铁路中学来教书，因而学生的学习成绩也很好。再者，学生和铁路工人，这和产业工人有着天然又密切的联系，受着产业工人优秀品质的影响，思想活跃，斗争性强。由于流动性大，我们学校教师中有不少地下党员，他们在我们学校建立了地下秘密外围组织,叫“新民社”。新民社在地下党领导下与国民党“三青团”作斗争，争夺校学生会的领导权。

为了迎接解放，新民社在学生中搞了一系列的革命活动，如出版新民墙报、新民期刊，宣传革命道理，组织学习革命理论，在进步学生中暗中传阅《共产党宣言》《新民主主义论》《大众哲学》等；组织新民歌咏队，传唱《山那边哟好地方》《团结就是力量》《你这个坏东西》《古怪歌》等革命歌曲；还排演一些小歌剧，如《朱大嫂送鸡蛋》《兄妹开荒》等，大造革命声势，并根据地下党的指示，积极支持 1949 年 1 月衡阳粤汉铁路局的工人年关罢工运动等活动。

我和我哥哥周保常是1948年12月参加新民社活动的。我哥哥周保常虽然只比我大两岁，他却在高中读书，在新民社中非常活跃。一次，在竞选学生会主席的活动中，他与三青团对着干，并顶撞训育处主任的管教，遭到学校开除的处分。后经我父亲斡旋改为留校察看，这在当时是轰动学校的大事。

我当时年龄太小，只有15岁，参加新民社是跟着哥哥跑，但我也单独执行了两次任务，一个任务是让我跟踪一名三青团员，看他到什么地方，回来汇报。由于我年龄小，长得又矮小，别人不太会注意我，很容易就完成了任务。另一个任务是盯着一处住房，看看都有什么人进去。晚上我趴在田埂里，尽管已是盛夏，却紧张得牙齿上下直打架。虽然紧张，但那时小区住户并不算多，没什么流动人口，住的人大多认识，身影一晃就知道是谁，最终也完成了任务。

由于护校活动发动的群众多，组织严明，我们学校完好、安全地迎接了解放，新中国成立后我们学校很快就开学了。地下党、地下团组织公开了活动，地下党领导的秘密外围组织新民社完成了历史任务，在党团组织公开活动的同时宣布解散。原新民社成员成了学校和各种活动的骨干，在团组织公开活动后，新民社社员纷纷加入了青年团。我是新中国成立后第一批加入新民主主义青年团（1956

年更名为中国共产主义青年团）的团员，不久被党组织推荐参加了中国人民解放军，成了一名光荣的解放军战士。

入团入伍后，在党团组织教育下，我继续要求进步，努力学习马克思主义、毛泽东思想，在部队系统学习了人类社会发展史和唯物主义辩证法。我在中国人民大学工业经济专修科（函授）学习时，系统学习了马列主义基础理论和政治经济学，特别是我直接受到了我的伯父周恩来、伯母邓颖超的直接教诲，对共产党和共产党为之奋斗的共产主义有了较为深刻和系统的了解，觉悟空前提高。

在党的长期教育下，在伯父周恩来、伯母邓颖超光辉榜样的影响下，我强烈要求进步，不久就向党组织递交了入党申请书。但是由于父亲的问题，我的入党申请迟迟未被党组织接纳，到1960年已有十年之久，心中不免郁闷，遂向七妈汇报思想，坦诚原委，七妈就写来了这封信。在七妈的教育鼓舞下，我更坚定了自己的信念，继续努力进步，百折不挠，诚恳接受党组织的考验。同时我也做好了做一名党外布尔什维克的准备。因为父亲的问题，“文化大革命”中我就成了一名“可以教育好的子女”[2]，“可以教育好的子女”在那个以阶级斗争为纲的日子里是不可能入党的。但是，我自15岁参加了革命，接触到马克思主义，经部队和工厂党组织的长期培养教育，特别是受到过伯父、

注[2]：简称“可教子女”，“文革”中对家庭出身不好的青年统称。

2010年出席纪念中国关工委成立20周年暨全国关心下一代表彰大会，并在大会上代表全国1200万关心下一代志愿者表态发言。

伯母亲身教诲和光辉形象的影响，我接受了共产主义，信仰共产主义，志愿为共产主义奋斗终生。尽管组织问题解决不了，在思想上我从来没有放弃，在每次党组织的换届、党委书记的履新，我都会设法去表达自己的入党要求，重新递上入党申请书，以表达我的心愿。即使组织上不接纳我入党，我也要为共产主义去奋斗。

事情在党的十一届三中全会以后有了转机，我终于在入团30年后，即1980年成为中国共产党党员。我1948年参加革命，1958年由部队转业地方工作，1992年在工厂离休，一生遵照七伯、七妈的教导，坚持在最基层做了一名诚实的积极的普通劳动者，在部队服役时立过功，在地方上当先进，还志愿加入到关心下一代的工作中，从1998年义务做青少年思想政治工作后，做了传统教育报告1050场，听众达到了56万余人次，受到社会广泛的欢迎和肯定，也多次得到了组织上的褒奖，先后被评为省市优秀共产党员、市关心下一代工作十佳标兵、省模范老人、全国关心下一代先进工作者、全国离退休干部先进个人，曾受到党和国家领导人的多次接见和合影。

现在，我已是耄耋之年，但我仍将力所能及去发挥自己的余热，在实现中华民族伟大复兴中国梦的洪流中全力以赴，生命不息，奋斗不止。

第十封信

亲爱的保章侄：

你去年10月和12月的来信，都早已收到，由于工作忙，未抓紧复信，但我很担心你在水肿未消的情况下，积极工作，又不放松业余学习，这在目前你自己觉得尚能支持，日子长了，健康继续耗损下去，会影响你长远的工作和学习的。希望你能实际地响应党提出的劳逸结合的号召，把眼前可能不兼顾的学习、劳动放松一些，这样，你的水肿病就可能快好，更有助于今后健壮地工作和学习。

在你们地区贯彻中央紧急指示后，各单位都积极在抓职工生活，这确是恢复“元气”的中心工作，你由此又多学习了炊事技术，七伯和我都觉高兴。

我们的身体都还好，勿念。

愿你

早日健康！

七妈[1]

1961.1.3

注[1]：这封信为邓颖超秘书张元代笔。

中华人民共和国全国妇女联合会

亲爱的保章侄：

你去年10月和12月的来信，都早已收到。由于工作忙，未能答复你。但我很担心你在水肿未消的情况下，积极工作，又不放松业余学习，这在目前你自己觉得尚能支持，日子长了，健康继续耗损下去，会影响你长远的工作和学习的。希望你能实际地响应党提出的劳逸结合的号召，把眼前可能兼顾的学习、劳动放松一些，这样，你的水肿病就可能快好，更有助于今后健壮地工作和学习。

在你们地区贯彻中央紧急指示后，各单位都积极在抓职工生活，这确是恢复"元气"的中心工作，你由此又多学到了炊事技术，七伯和我都觉高兴。

我们的身体都还好，勿念。

愿你

早日健康！

七妈

1961，1，3

字　号　　　　第　頁

通信背景

水肿病（1961年1月3日）

1961年是我国三年困难时期最严重的一年，口粮不足，物资匮乏，发生了严重的饥荒，据说农村的情况最严重，出现了人口非正常死亡的情况。当时我在工厂，每顿饭只有二两主食，副食品一概没有，什么菜也没有，工人们都是蘸着酱油吃饭。又因为国库空虚，供应断档，要求供应的八个月粮食九个月吃，这就更雪上加霜，人们总是处于饥饿的状态，但又没有东西可吃，于是就喝水填肚子。由于营养很差，人们普遍患上水肿病。得了这种病会全身浮肿，浑身无力，难以坚持正常工作。

我当时是单身汉，一个人生活更困难，患有二度浮肿，脸上和腿上一按一个窝，病情较重。当时党的中心工作是抓人民的生活，努力改善人民的生活，使人民能够休养生息，早日恢复生气。当时我被调往生活办公室工作，成天待在厨房里，和炊事员想办法把有限的粮食做得更多些，叫增量法。所谓增量法就是用水泡，多加水，量是多了，但更不垫饥，也饿得更快。

后来我们又想到往粮食里面掺代食品。所谓代食品，最好当然是野菜，但那时野菜是珍贵的上品，早就被挖光了。在无奈的情况下就往粮食里头掺木粉，但又不敢掺多了。在这种情况下我拖着沉重的身体坚持工作着，晚上还要抓紧时间完成中国人民大学的函授课程。七妈知道后就写了这封信，让我暂时放弃学习。

在七妈的叮嘱下我适当调整了工作和学习的节奏，确保身体不受损害，但我还是以优秀的成绩取得了由校长吴玉章签发的中国人民大学工业经济专修科（函授）毕业证书。

第十一、第十二封信

保章侄：

廿七日来信已收到。

春节假期，我们同意你来北京，这个机会也是不可多得的。因为前两年我都去南方过冬，今年春节我们在北京。

你下火车后，可直到府右街国务院西花厅找我们（可乘从车站到府右街的无轨电车），或找成元功同志就行了。

一切面谈，愿你
健好！

七妈[1]

一月卅日

注 [1]：这封信为邓颖超秘书张元代笔。

中华人民共和国全国妇女联合会

保章侄：

廿七日来信已收到。

春节假期，我们同意你来北京，这个机会也是不可多得的。因为前两年我都去南方过冬的，今年春节我们在北京。

你下火车后，可直到府右街国务院西花厅找我们。（可乘从车站到府右街的无轨电车）或找成元功同志就行了。

一切面谈，顺祝

健好！

七妈

一月廿日.

字号　　第　頁

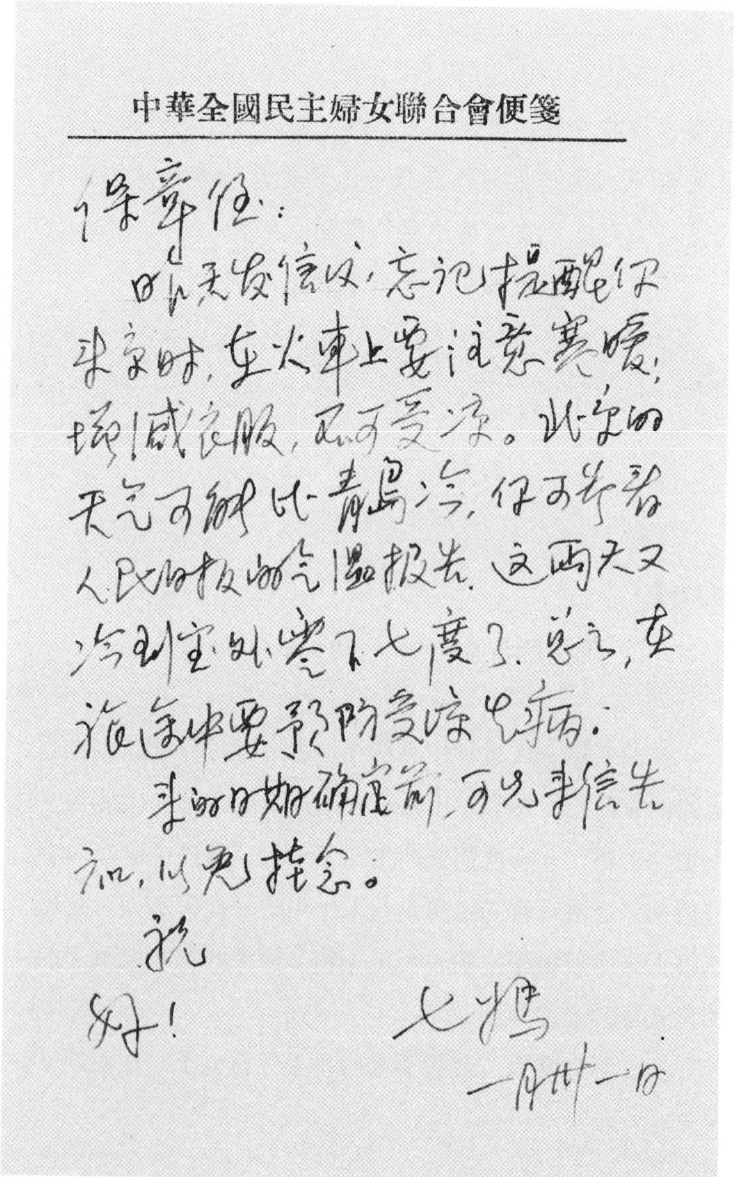
中華全國民主婦女聯合會便箋

保章侄：

昨天发信后，忘记提醒你来京时，在火车上要注意寒暖，增减衣服，不可受凉。北京的天气可能比青岛冷，你可看看人民日报的气温报告，这两天又冷到室外零下七度了。总之，在旅途中要预防受凉生病。

来的日期确定前，可先来信告知，以免接空。

祝

好！

七妈

一月廿一日

保章侄：

昨天发信后，忘记提醒你来京时，在火车上要注意寒暖，增减衣服，不可受凉。北京的天气可能比青岛冷，你可参看人民日报的气温报告，这两天又冷到室外零下七度了。总之，在旅途中要预防受凉生病。

来的日期确定前，可先来信告知，以免挂念。

祝

好！

七妈[2]

一月卅一日

通信背景

西花厅记事（1961年1月30日、1月31日）

这是我第一次进党中央所在地中南海，第一次到七伯、七妈的家西花厅做客，也是新中国成立后我第一次见到了七伯、七妈，并和他们共同生活了七天，度过了愉快的春节假期。这次短暂的经历是我人生中的一件大事，对我影响极大，印象极深。我曾写了一篇名为《西花厅记事》的回忆文章，记述如下：

火车抵达北京，我按照嘱咐坐上无轨电车，在西四下

注[2]：这封信为邓颖超秘书张元代笔。

车，人生地不熟，打听了好久，终于来到中南海的北门。我原来以为中南海一定会岗哨林立、戒备森严，没想到我一报上名字就进去了。正巧碰到周总理卫士长成元功同志的爱人焦纪壬，她轻轻一声“请随我来”，我紧张的心情立刻放松下来，并随她向西花厅走去。

西花厅是一座四合院，位于中南海的西北角，两面临街，能听到街上的嘈杂声。房子装修一般，随处可见剥落的油漆。前面的大厅为总理会见外宾及重要客人之用，后面有总理办公室、全国妇联副主席邓颖超的办公室，还有一个合用的内厅，兼作餐厅，以及他们的卧室。

西厢房是工作人员办公室。走到室内感到房子很旧，青砖铺地，地面潮湿，墙角有泛起的白碱印花，墙壁虽粉刷过，因为潮湿和时间长了，变成了灰黄色。室内陈设简单：一套沙发，一张桌子和几把椅子，一个很大的报架，除此之外，别无他物。本来不算大的客厅，却显得有点空荡荡的。室内光线也不好，距离窗户稍远，看报就吃力。

西花厅地处中南海西北角，相对而言，风大阴冷，日光稀少。工作人员告诉我：这是新中国成立之初，七伯亲自为总理办公室“号”的房子。过去部队开到一个新地方，都是由管理员分配营房。周总理是国家的“大总管”，中南海的办公室都是他亲自分配的。他自己“号”了西花厅，而且一住几十年不变，由此可见，西花厅主人的坦荡胸怀。

1961年邓颖超在西花厅内院与侄子们合影（右一周保章）

由于七伯、七妈年事已高，阴暗潮湿的住房引发了两位老人一些病痛。管理部门数次提出装修西花厅，都被七伯拒绝。一次趁七伯、七妈不在北京之际，有关部门就把西花厅装修了。七伯回来后大吃一惊，严厉批评工作人员未经他的同意擅自装修，并拒绝回西花厅住。

后经调解，周总理同意铺的地板可以不撤，但新家具和新窗帘一律撤掉，还回原来的旧家具。为此，周总理三次在最高国务会议上主动作自我批评。他语重心长地说：“国家经济还很困难。我作为总理，带一个好头，影响一大片；带一个坏头，也影响一大片。所以我必须严格要求自己。”

走进西花厅，我被直接引入庭院。一进院子，就见七

妈等在门口。我赶紧三步并作两步跑上前去，恭敬地叫了声：“七妈你好！”七妈立刻握着我的手说：“啊！保章我们有 20 多年未见了。”一句话使我感到温暖自如，好像回到了自己家里。

一条毛巾

我进京时，由于激动和紧张，竟忘了带洗脸毛巾。我看到盥洗室内挂着不少毛巾，而且很新很干净，便随手取下一条用，没想到这“区区小事”，竟惹来七妈一顿批评：“你七伯从来不允许乱拿公物，那是公家的毛巾，你不应该拿，没有就去买一条。”说完就塞给我一个购物本。当时，北京居民和全国人民一样，物资供应实行配给制。

这是一本与普通老百姓一样的购物本，各种物品的配给在各栏的表格上有明确的记载。我翻了翻，有的东西已经买了，毛巾栏上有两条毛巾未买。于是，我拿着购物本跑到西单商场去买。售货员看到户主栏上赫然写着“周恩来”，马上提高了警惕，盯着我盘问了好久，才卖给我一条毛巾。可惜，这条毛巾没有保存下来。这事对我触动很大，没想到总理也与老百姓一样凭证购物，共渡难关。

缝被子

一天下午我外出回来，一进门就见七妈自己在缝被子。我一怔，怎么七妈她老人家自己动手？那时她已年近花甲，眼和手都有点不灵便了。于是我赶紧动手帮她。我在部队中练就了许多独立生活的本领，拆洗被子、铺棉絮、缝被褥等，样样活都不在话下。七妈见我动作还算熟练，很高兴。但老人家并不停手，只是在换线时，由我来穿针。后来，卫士长成元功同志也参与进来，三人同缝一床被，很快就缝好了。缝被中各人有各人的手法：有宽针的，有密针的，有埋针的，各说各的缝法好。七妈说，这是大家的劳动果实，并很风趣地对各种缝法加以点评，大家咧着嘴直笑。

我一边笑一边联想到第一次和七伯、七妈吃饭的情景。当时我见到七伯要盛饭了，立即起身去接他的碗。我想作为晚辈，理应为长辈盛饭。可没想到七伯摆手示意："我自己来。"七妈也叫我坐下。我当时莫名其妙地愣住了。七伯立刻看出我的神态，马上随和地说："自己可以盛饭嘛，为什么叫别人呢？"一句话使我回过神来，但我心里却很不平静。盛饭、缝被子，这些都是最平凡的小事，可是在对这些事情的处理上，我却看到了他们所具备的平凡中的非凡品质。

除夕饭

大年三十，七伯按中国人的习俗，把身边工作人员和亲属都请了来，连大人带孩子好几十人，使得西花厅内熙熙攘攘，足足摆了三大桌宴席，真是一个“大家庭”的除夕宴。

一般家庭的除夕宴都是很丰盛的，七伯家会是怎样的呢？我在猜想着。奇怪的是，人都基本坐好了，可桌上并未摆上美酒佳肴。我正纳闷，工作人员端上了热气腾腾的大包子和黄澄澄的小米稀饭，除夕宴就这样开始了。一阵掌声过后，周总理笑容满面地向大家问好，并感谢同志们一年来的辛勤劳动。“宴会”的主持人邓颖超与周恩来会心一笑，起来说：“今天请大家来吃团圆饭，不摆酒、不设菜，总理请大家吃小米稀饭和包子。”我感到新鲜，这是哪里的习俗呢？我正在想着，听到七妈意味深长地说：“为什么今天请大家来吃小米稀饭和包子呢？是因为中国革命是靠小米加步枪打出来的。小米对我们革命有很大贡献，所以，在我们欢乐的时候不能忘了小米，不能忘了小米的时代。为什么吃包子呢？是因为中国共产党和毛主席领导我们推翻了‘三座大山’，建立了新中国，人民生活有了改变，所以我们今天能够吃到肉包子。我们不能忘了中国共产党和毛主席的恩情！”七妈的话音一落，大厅里立刻响起了

掌声，这是我有生以来吃得最有意义的一次除夕饭。

吃窝窝头

大年初一的中午吃饭时，桌上一个碟子里盛着窝窝头，其中三个堆在下面，一个摞在上面。窝窝头的做法和老百姓平常做法一样，圆圆的好似小山头，中间是空的，只是个头比普通人家的要小一些。我一看到窝窝头就惊奇，今天不是春节吗？过年头一天吃粗粮，奇怪！但也没容我多想，三个人就开始吃饭。我是晚辈，自然我应吃粗粮，一坐下就伸手拿窝窝头。七妈将我的手拨开，接着说："保章，这是我和你七伯吃的，你是客，去盛大米饭吃！"国家总

1961 年周恩来、邓颖超除夕饭前与亲友合影（中排左三周恩来，左四邓颖超，左五王士琴，左六周同宇，后排右五周保章）

理也吃粗粮？后来几天的生活证实了，总理家的餐桌上常常出现粗粮。后来我明白了，当时是国家困难时期，他们每月也按定量标准搭配着吃。因此，在我离开西花厅时，按着自己的定量标准交出了粮票。七妈见我拿出粮票，说：“保章，你觉得应该这样做，就把粮票留下，如果困难也可以不留粮票。”我连声说：“我不困难，我应该拿粮票。”于是，七妈叫秘书收下了我的粮票。

其实，当时我和大家一样生活很困难，没有东西吃。当时我是一个二十几岁的青年，月定量 27 斤粮食，还要 8 个月粮食 9 个月吃。计算一下，每天八两粮，每餐只有

1961 年周恩来除夕饭前与亲友合影（右一周保章）

二两多。菜和副食一律没有，每顿饭都是拌酱油汤，几口就吃完了，肚子还是空落落的，饿了就喝水，加上缺乏营养，身患二度浮肿。本以为到了伯伯家，可以节余下几天粮食填补，可亲眼见到国家总理也是那样勤俭度日、严于律己，和全国人民一起去战胜困难，我又有什么可以搞特殊的呢？

总理伙食标准不如飞行员

原以为到七伯家吃饭，鱼肉供应不成问题，去后才发现每顿饭都是两菜一汤：一个荤素各半的菜、一个纯素菜、一碗清汤。如果来了人，也会适当加菜。

一天，我有一个堂弟周尔萃回家探亲，顺路来探望七伯、七妈。晚饭时，七伯询问："在国家困难时期，飞行员的生活如何？营养能不能跟上？"尔萃说："国家保证让我们每个飞行员，每天都能吃到半斤猪肉。"话音刚落，在一旁的七妈就叫道："哎呀！你在这里这两天吃不到猪肉，明天快叫伙房把我们供应的猪肉集中，来个'歼灭战'，不要亏了飞行员的身体啊！"事后我才知道，七伯七妈每天每人只有二两猪肉供应，我的心不禁为之一颤！飞行员保卫祖国，驾驶着超音速飞机翱翔蓝天，自然要有良好的身体素质，营养不能马虎。但一个管理五六亿人口的大国总理，日理万机，何尝不需要一个健康的体魄呢？他们的营养也不能马虎哪！而事实是，一个国家总理的伙食标准，当时都远不如一名飞行员！

领袖和领导人

我到西花厅后，七妈立刻交给我一个任务。她说："你哥哥现在在部队表现出骄傲情绪，我要发动大家来帮助他，你来了正好，快写封信去说说。"我遵嘱很快写好了信，信中提到了七伯是国家领袖的话，没想到这封信送给七妈看时，老人家勃然大怒。她严肃地提出："你伯伯他不是领袖，只能称他是国家领导人，不允许这样写，快改过来。"

在长辈面前，我唯唯称是，当即作了修改。没想到这件事到此并未完结，在年三十除夕宴上，当着好几十号人，七妈在讲话时突然话锋一转说："保章呀，说他七伯是领袖，这是错误的！我们国家的领袖就是毛主席。"大家的眼睛一下子集中到我身上，弄得我很尴尬，心想二十多年没见面，有了错，当面批评还不算，还要在大会上批，真够严厉的。但我琢磨着：我称总理为领袖，并没有原则错误。当时，我在中国人民大学进修，已读完《政治经济学》和《马列主义基础》等课，对于"革命"、"政党"、"领袖"有专门的章节研讨，这些关系还是清楚的。领袖通常是一个集团，不仅仅指某一个人。但后来我终于悟出：七伯、七妈之所以如此严厉地批评我这个问题，是为了维护党的根本利益，作为他的亲属提这样的问题，当然是不合适的。同时，在这个问题上，也表现了他们坚强的党性。

“为人民服务”像章

1968年我到北京开会，单位的同志一再要我搞几张当地的工业券买新出品的尼龙丝袜子。我就写信给七妈。七妈回复让我到中南海去取。在西北门的值班室，西花厅工作人员递给我两张工业券，传达七妈的话叫我不要多买，以免造成物资供应紧张，并很慎重地从怀里掏出一枚“为人民服务”毛主席像章，说：“这是你七伯、七妈送给你的。”我双手捧着这枚像章，“为人民服务”几个大字跃入我的眼帘。

周恩来、邓颖超送给周保章的“为人民服务”毛泽东像章

这不是七伯、七妈对我最好的嘱咐吗？时值“文化大革命”，在这样大动乱的日子里，二老要求我处事从人民的利益出发。难怪周总理胸前，总是佩戴着一枚金光闪闪的“为人民服

务”像章呢！所以，至今我珍藏着这枚像章，时刻牢记着七伯、七妈对我的教导。

“不染亭”

1963年5月，我妹妹周保庄、妹夫张中平携女儿张茹进京探视七伯周恩来、七妈邓颖超。晚饭后，七伯提议大家到庭院中散散步。

当走到一个旧亭子前时，七伯停下了脚步，语重心长地指着亭子说，这个亭子虽然已破旧，油漆剥落，曾经有人几次提出来要整修，但我没有同意，让它保留原来的面貌。听七伯一说，大家感到诧异，亭子这么旧，为什么不让整修？当七伯话音一落，众人就仔细打量这个亭子。保庄抬头一看，啊，亭子上方有三个大字“不染亭”。

我曾经多次来过西花厅，“不染亭”就在路边，看到它也感到它与周围的景色不相协调。听妹妹一说才恍然大悟。“不染亭”就处在进西花厅的必经之路旁边，每次进出，“不染亭”这三个大字立刻映入眼帘。这是作为总理的周恩来的一个“座右铭”，它时时刻刻提醒主人要为人民掌好权、用好权，可见主人的圣洁心灵。

看“皇帝”

一天下午，七妈告诉我，七伯在前面接见清朝末代皇帝溥仪，我可到侧面去看看“皇帝”。我立即跑到前厅侧门，看到了瘦瘦高高的溥仪，还有他的弟弟溥杰。弟兄俩模样相似，但溥杰要矮得多。我听到溥仪在汇报思想改造心得，并讲他特赦后，作为一个普通公民在第一次踏入社会时的一些有趣经历：他首次去乘公共汽车，当时的售票员都是下车接客，然后自己最后上车，轮到溥仪上车了，而溥仪觉得应让女士先上车，就打了一个手势，女售票员以为他是要乘另一辆车，结果，售票员一上车就关门走了，弄得溥仪丈二和尚摸不着头脑却又无可奈何。有次溥仪买了件雨衣，当时的雨衣有两个插口，并不是口袋，他却将钱物往里塞，结果，再买东西时，就身无分文了。他说这些时，逗得大家哈哈大笑。

另外，我还听到伯父在给溥仪、溥杰的家人做工作。溥杰特赦后，非常想念自己的妻子——嵯峨浩，想接妻子回中国。她是一个日本女子，当年日本帝国主义想永久霸占我国的东三省，成立了伪满洲国，立溥仪为傀儡皇帝。但溥仪无嗣，将来死后或传位于溥杰，或传位于溥杰的儿子，这样，伪满洲国将由具有日本血统的人来统治，这是日本侵略者的美梦。在 1945 年，伪满洲国随着日本无条件投降一起垮了，嵯峨浩被遣送回日本。溥仪以为嵯峨浩可能是日本特务，再加上一些历史原因，就特别反对弟媳回国。结果在这个问题上，溥仪和溥杰哥俩之间留下了无法解开的疙瘩。周总理说，中国这么大，难道容不下一个日本女子吗？最终还是七伯出面，为溥杰、嵯峨浩喜搭鹊桥，使他们夫妇得以在中国团圆。

打乒乓球

在西花厅我有幸和七伯打过一次乒乓球。

当时，他的那张球台，是安置在西花厅庭院大门外右侧的一间房子里，七伯常来打乒乓球。他不仅和工作人员打球，还和警卫战士打球。闲暇时，战士们也常在这里打球，成为连队娱乐活动的一个场地。

七伯从小喜爱体育，年轻时跑步、跳高、打球、登山、划船和下棋等都是他的擅长项目。随着年龄增长、身体的变化，特别是繁忙的政务，他渐渐疏远了这些体育运动，但打乒乓球他都一直坚持着，这可能是他仅有的体育活动了。七伯打乒乓球，也是因为办公时间长了，活动一下来休息脑子，夜间办公困了，打打球可以提提精神，提高工作效率。

七伯打乒乓球其实很勉强，因为他的右臂受过伤，活

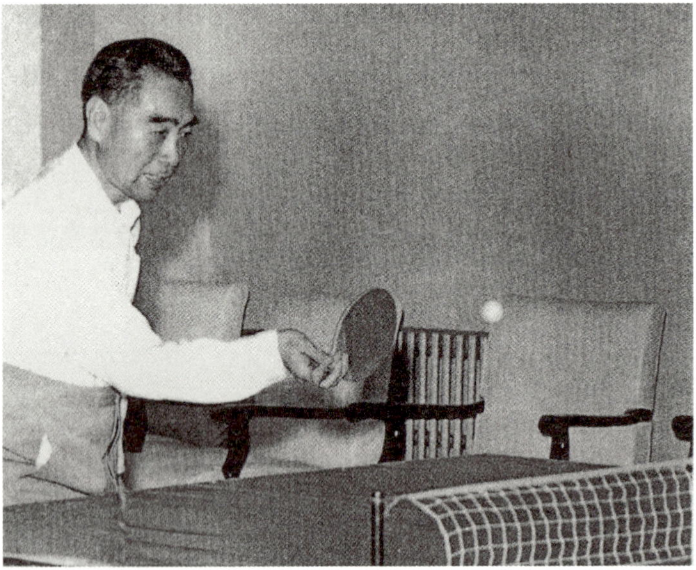

周总理打乒乓球

动不便，拉不了弧圈球，只能推挡或吊球。但七伯打球和办事一样认真，每打一球都有讲究，运用技巧，他多是声东击西，出其不意来左右调动我。当然，七伯那时年已花甲，而我是个才二十多岁的青年。我的打法主要是适应七伯的打法，能够达到让七伯休息一下的目的。

七伯很喜爱乒乓球运动，中国乒乓球队一向受到他的关怀与支持，好几次在全国比赛后，他设家宴招待运动员和教练员，肯定他们的成绩，鼓励他们进步。世界冠军、日本女选手松崎君代，不仅球技高超、作风顽强，而且体育道德高尚，是当时国际乒坛享有盛名的女球星。七伯号召中国队员向她学习，并多次邀请松崎君代来华与中国队员切磋球技。七伯赞扬松崎说：“胜不骄、败不馁，她是体育选手的榜样，中国选手应该学习她的技术和作风，两方面都学。”后来，松崎君代女士成了七伯家的常客，七妈还亲自下厨，烹调我们老家名菜，即淮安的“红烧狮子头”来招待她。在百忙中，七伯还曾帮助松崎君代治过病。中国总理和日本运动员的忘年交，日后成为中日友好史上的一段佳话。

在七伯的关怀下，中国乒乓球水平提高很快，在1961年第26届世界乒乓球锦标赛中，中国队一举夺得冠军，并在以后数届比赛中，都取得优异成绩。当时荣高棠和国家体委的同志，把第26届世界乒乓球锦标赛上争夺团体冠军的那张球台送给周总理。起初，七伯没有接受，后经体委和总理办公室人员一起做工作，说这张球台，是送给总理办公室全体同志打球用的，七伯才破例接受了这份特殊礼物。有了这张球台，打乒乓球的机会就多起来。

七伯领我去看剧

1961年是中苏友好条约签订12周年，社会主义各国在京举行了隆重的庆祝文艺演出。当时的社会主义阵营有14个国家，每个国家出一个节目。七伯回来后说节目演得不错，和七妈在那里评论，我站在一旁听着。这时七妈说："你怎么不带保章去看看呢？"七伯一顿，他看看我说道："对，应该带保章去看看。"隔了一天，七妈就对我说："七伯今天带你去看话剧。"

这场话剧是在中南海的怀仁堂演出的，我和七伯是一起步行去的。话剧名字叫《悭吝人》，又叫《吝啬鬼》，是法国喜剧大师莫里哀的优秀作品。人民艺术剧院的顶尖演员把剧中的人物葛朗台刻画得惟妙惟肖，甚是精彩。七伯和一些国家的领导人就坐在我的前排，总理爱好广泛，对欧洲这些名剧非常欣赏，他不时地与坐在他身旁的陈毅元帅交谈评论。就是这次，我见到了许多党和国家的领导人，如当时的国家主席刘少奇以及陈云等人。

七妈领我去走亲

一天下午，七妈领我来到了解放军总后勤部的大院，来到了周尔均家。尔均在总后工作，是我的堂兄，他不在家，他的妻子邓在军接待了我们。七妈告诉我，这是周家二房的孩子，我们家是三房。后来我搞清楚了，周尔均是周贻康的孙子，周贻康在"贻"字辈排第二，我爷爷周贻谦在"贻"字辈排第三，故我们家是三房，周尔均他们家是二房。周尔均的父亲周恩霪，在"恩"字辈排第十五，我父亲周恩彦在“恩”字辈排十三。通过尔均知道了他有一个哥哥周尔鎏，在中联部工作，后来尔鎏也邀请我到他家里做客。我们都是五服之内的亲戚，算是一家人。

邓在军算是我的堂嫂，她是大名鼎鼎的导演，她开创的春节联欢晚会，至今是除夕夜不可缺少的一道大餐。而那时，她还是一个二十多岁的小媳妇，还未调入中央电视台，而是在海军政治部歌舞团当舞蹈演员。

七妈还怕我在京寂寞，特别叫我的堂妹周秉德来陪我。我到西花厅的当晚，七伯、七妈都有活动，是秉德陪我吃的晚饭。秉德比我小四岁，非常活跃大方，不停往我的碗里夹菜，两人当时都是二十几岁的青年，相处甚为愉快。那几天，秉德常来西花厅，为我安排一些活动，并陪我逛天安门广场，还特别请了一名摄影师，拍了好多照片，还领我到她家里拜见了她的父母，见到了她的五个兄妹。

秉德的父亲周恩寿，又叫周同宇，是七伯的亲弟弟，在京的同辈都尊称他为三叔，因为七伯周恩来亲兄弟三人，周同宇排第三。他在“恩”字辈中年龄较小，是1904年出生的，所以子侄辈都称他为三叔。但周同宇比我父亲大一岁，我父亲是1905年生人，所以我尊称周同宇为恩寿伯。

七伯与我道别

我在西花厅和七伯、七妈度过了七天假期。临走的那天晚上，吃晚饭时只有我和七妈两个人，七伯有事在外就餐。吃完了晚饭我就准备走，到火车站等车心里会更踏实，何况北京我不熟悉，坐公共汽车会不会有什么突发状况？还是早点动身为好。但七妈说：“等一会，七伯还没有回来。”当时我一愣，七伯因公事，晚饭都没回来吃，与我回青岛好像没有什么关系，但是长辈发了话，我当然不能走，就耐着性子在那等着。但过了一会，七伯还没有回来，我看了看手表，我原来计划提前一个小时动身，现在看时间有点紧张。七妈见我看手表就说：“不要着急，七伯马上就回来。”果然，不一会外面就有了动静，七伯快步进了门。见到了七伯，我的心就放松了。

七伯进门后直接向我走来，我马上就站了起来，看见七伯向我走来，并且伸出了手，我赶紧迎上去，两只手握住七伯的手。七伯没有寒暄，直接说道：“今晚我有事，不能送你了，希望你坚持在基层，多反映些情况来。”说完这句话，七伯握着我的手用了一下力，抽身就走了。七伯说话时，我一直眼睛恭敬地盯着他，使劲点着头，但还没等我回过神来，七伯已经转身出了门。望着七伯的背影，我一下意识到，这不过两分钟的道别，却是七伯、七妈刻

意安排的。七伯身为总理，日理万机，他的时间多么宝贵啊，而这两分钟的道别，却安排在总理当天的活动日程之中。顿时，我感到受宠若惊，同时也感到一股巨大的暖流涌遍全身，给我增添了无穷的力量，我暗下决心一定按照七伯的话去做。

七妈送我到火车站

七伯一走，七妈立刻就站起来说：“保章，走，去火车站。”七妈要亲自送我到火车站。我想，刚才七伯和我道别，我已受宠若惊，七妈又要送我到火车站，这个举动使我更加惊诧。我本来是不想劳烦老人家的，但是看看时间，确实很紧张了，也就跟着七妈一起出了庭院。司机老杨（杨金明）开的车已经等在门口，他扶着七妈上了车，我从车的另一旁也上了车，汽车立马就向火车站驶去。

这是一辆三排的国产红旗轿车，不过中间那一排座位需要时才放下。七妈坐定后，老杨还将一小方毛毯搭在七妈的膝盖上，这是为了防止风寒。中南海距火车站不远，一会就到了。在路上七妈什么话也没说，20 世纪 60 年代，北京火车站站前有一个大转盘，到大转盘时老杨就很紧张地说：“保章，快，快，快下车！”我明白老杨的意思，他不仅是司机，还肩负有安保的职责。所以我说了声：“七

妈我走了。”便迅速下了车。车门刚一关上，小车就快速离去了。

七妈给我买了张软席的火车票，而且没让我出钱，这是我平生第一次坐软席车，当时这是很高的待遇，软席车票必须要出具相关的证明，本人应该是高级干部才能买。

在车厢坐定后，回想这七天在西花厅与七伯、七妈的生活，我不禁浮想联翩，感到受到了许多特殊的待遇，诚惶诚恐。

第十三封信

保章侄：

你由芜湖返厂的来信，我已看过。

现正托人设法为你妹妹和父亲买些治病的药品，如买到，即直寄保庄。同时给她寄100元去，作为她们病中的补助。

你为你的父、妹、黄嫂，已尽到你最大的心力，对你的两个哥哥提出的意见，都很对，希望你在今后工作和业余学习中，仍要注意你的健康，不可大意。

邯郸返京后，我和七伯的工作仍是忙，但精力还好，勿远念！

匆复　愿你

三好！

七妈[1]

1961年5月24日

注[1]：这封信为邓颖超秘书张元代笔。

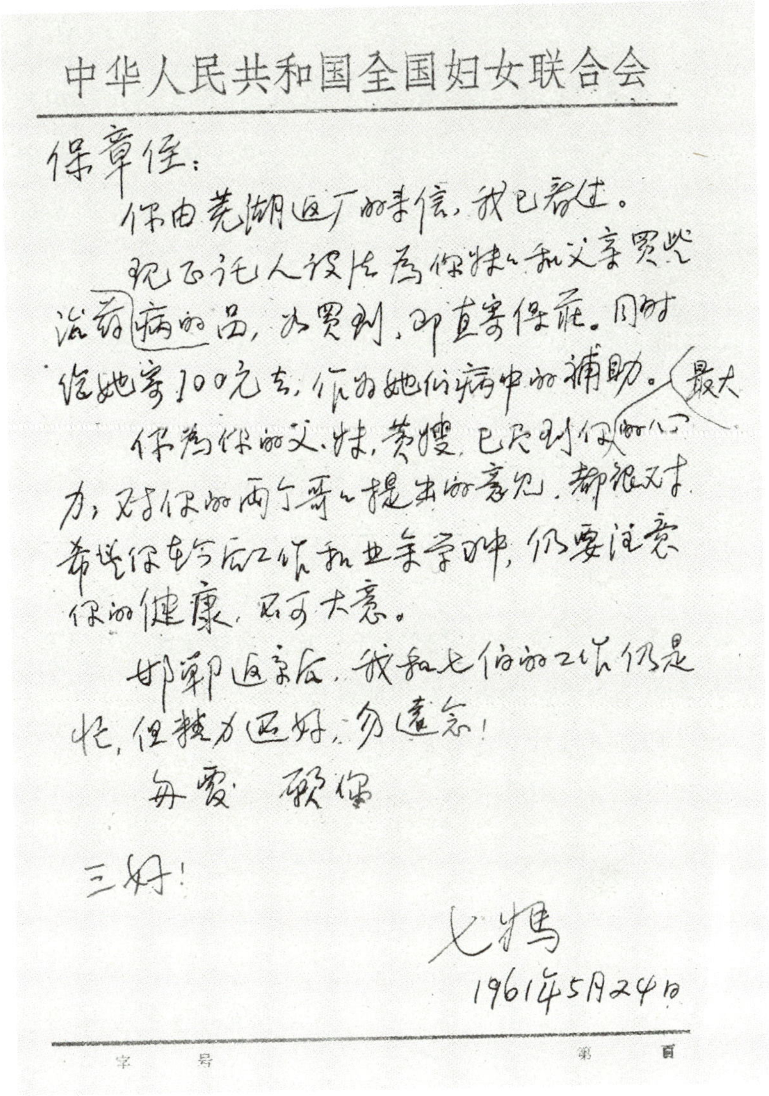

中华人民共和国全国妇女联合会

保章侄：

你由芜湖返厂的来信，我已看过。

现已托人设法为你娘、和父亲买些治病的药品，如买到，即直寄保庄。同时给她寄100元去，作为她们病中的补助。

你为你的父、娘、弟嫂，已尽到你最大的心力；对你的两个哥哥提出的意见，都很对。希望你在今后工作和业余学习中，仍要注意你的健康，不可大意。

邯郸返京后，我和七伯的工作仍是忙，但精力还好，勿远念！

匆覆 颂你

三好！

七妈

1961年5月24日

字 号 第 页

通信背景

减轻国家的负担（1961 年 5 月 24 日）

七伯、七妈对待亲属的困难，只要合理，他们都会给予帮助。七妈曾说，亲戚中的困难，我们管了就减轻了国家和社会的负担。所以七妈在听了我反映我父亲的病和我妹妹的处境后，即设法买药并寄去了 100 元钱，解决了大问题。当时人们工资都很低，只有几十元钱，我每个月都准时将自己工资近一半寄回去，我妹妹的工资比我还少，和她一起生活的父亲、黄嫂都没有收入，她的第二个孩子又即将出世，与妹夫又是两地分居，开销更大。加上我父亲患病，生活自然更加困难，七妈的帮助就成了及时雨。

妹妹周保庄，妹夫张中平及张茹、张晶、张甦三个女儿一家合影

第十四封信

保章同志：

你六月六日给七妈的信，她已看过了，一个月前，七妈住医院动手术，经过十分良好，十天后即出院。现在家休养，她的体力和精神，正在顺利地恢复，七伯也好，请勿念。

七妈说：在你和你父亲通信时，问他上次寄去的气管炎丸，效果是否好？服完后，如需要，可来信，七妈当设法再寄一些去。

医生嘱咐七妈：手术后须休养三个月，目前她还不能去外地旅行，半月后，也许到适合于她疗养的地方去。

尔辉已于七月一日结婚，新娘是淮安来的，性格较活跃，据说在下月初仍须返回她的家乡去工作，顺告。

专此 祝

健好！

张元

七月十三日

保章同志：

你六月廿六日给七妈的信，她已看过了。一个月前，七妈住医院动手术，经过十分良好，十天后即出院，现在家休养。她的体力和精神，正在顺利地恢复。七伯也好，请勿念。

七妈说：在你和你父亲通信时，问他上次寄去的气管炎丸，效果是否好？服完后，如需要，可来信，七妈当设法再寄一些去。

医生嘱咐七妈，手术后须休养三个月。目前她还不能去外地旅行。半月后，也许到适合于她疗养的地方去。

尔辉已于七月一日结婚。新娘是淮安县的，性格较活跃，据说在下月初仍须返回她的家乡去工作，顺告。

专此　祝

健好！

张元

七月十三日

通信背景

尔辉结婚（1961 年 7 月 13 日）

这是七妈的秘书张元代七妈的来信，因七妈卵巢瘤良性手术住院休养，张元秘书向我通报了尔辉结婚的消息。

周尔辉是我一个堂兄弟，毕业于北京钢铁学院，毕业后留校担任助教，堂嫂孙桂云是我们老家江苏淮安的一名小学教师。

北京钢铁学院是高等学府，当时已经有了自己的附中，还要筹建自己的子弟小学，这样北京钢铁学院从幼儿园、小学、中学到大学自成一体。在筹建子弟小学时缺少老师，尔辉瞅准这个时机，打了个报告，请求将自己的妻子孙桂云调来北京钢铁学院工作，这样既能解决筹建小学师资缺乏的问题，又可解决年轻夫妻两地分居的问题，一举两得。这样堂嫂孙桂云就从贫穷的小县城淮安调往首都工作，小两口好不欢喜。

然而这件事却被七伯阻止了。七伯严肃批评道，北京市的人口这样多，压力这样大，中央决定分流北京市的人口，许多单位都要从北京市迁出去，你作为我的亲属，还往北京“跑”，这是不允许的。尔辉分辩说，这是经过组织批准，组织上照顾解决夫妻分居的问题。七伯听说后说，照顾夫妻分居，你可调回淮安工作，这不是也解决了夫妻分居问题吗？为什么要往北京跑呢？就这样，在七伯的干预下，堂嫂孙桂云被退回淮安，仍回原小学当老师。不久堂兄周尔辉从北京钢铁学院调往淮安，在一所中学任教。

张元秘书在 1961 年 7 月 13 日给我的信上说："新娘是从淮安来的，性格较活泼，据说下月仍须返回她的家乡去工作，顺告。"看来就是指的这回事。

第十五封信

保章侄：

来信早已收到。因忙于国庆节前后的工作，抽不出时间寻找衣服，所以复信也晚了，你定在盼望吧。

首先我高兴你已有了女朋友，她的各方面的条件也还合适，你的看法也对，看发展来确定。刘淑梅同志的照片也收到，勿念！

你的衣服等物被窃事，我知道后，心感不安，为添补你目前急用，怕你受凉生病，特从七伯穿的衣物中，找出一套新的毛衣、毛裤，毛衣是别人送的，未穿过；毛裤是备出国时用的，也是新的，先寄给你御寒救急。另有绒裤一条、绵绸衣裤一套、背心一件、旧棉毛衫三件、旧汗衫二件、衣料八尺（是七伯访柬埔寨的礼物），共计12件，由邮寄去。衣服中有的可能大些，你可改穿；汗衫有的已破旧，但还是不久前七伯穿用的，想来可助你度过今冬明春了，收到后希即复信，免我挂念。

小琦已于国庆节前病好出院，由你大嫂送回锦州。

1

保章侄：

来信早已收到，因忙于国庆节前后的工作，抽不出时间寻找衣服，所以覆信也晚了，你定要原谅吧。

首先我高兴你已有了女朋友，她的各方面的条件也还合适，你的看法也对，希望将来确定。刘淑梅同志的照片也收到，留念！

你的衣服等物被窃事，我知道后，心感不安。为添补你目前急用，怕你受凉生病，特从七伯穿的衣物中，找出一套新的毛衣、毛裤。毛衣是别人送的，未穿过；毛裤是备出国时用的，也是新的，先寄给你御寒救急。另有绒裤

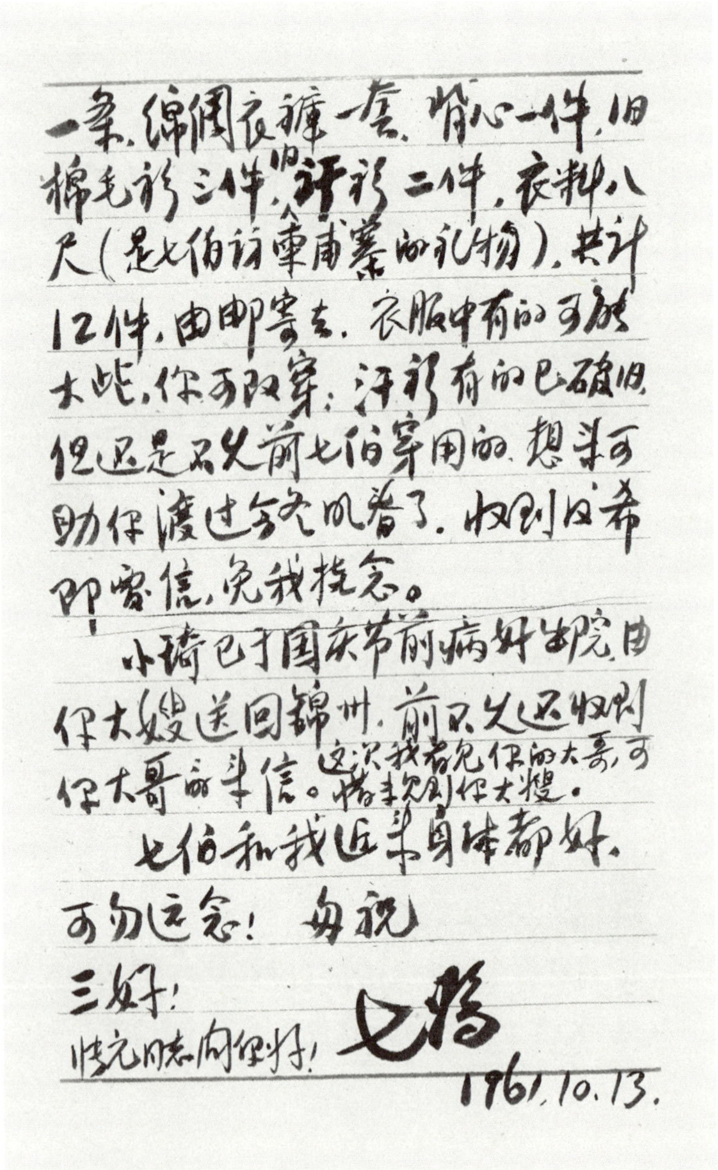
一条，绵绸衣裤一套，背心一件，旧棉毛衫三件，旧汗衫二件，衣料八尺（是七伯访柬埔寨的礼物），共计12件，由邮寄去。衣服中有的可能大些，你可改穿；汗衫有的已破旧，但还是几年前七伯穿用的，想来可助你渡过今冬风寒了。收到后希即寄信，免我挂念。

小琦已于国庆节前病好出院，由你大嫂送回锦州。前几天还收到你大哥的来信。这次我看见你的大哥，可惜未见到你大嫂。

七伯和我近来身体都好，可勿远念！并祝

三好！

恃元同志问你好！ 七妈

1961.10.13.

前不久还收到你大哥的来信，这次我看见你的大哥，可惜未见到你大嫂。

七伯和我近来身体都好，可勿远念，匆祝

三好！

张元同志问你好！

七妈[1]

1961.10.13

通信背景

交女朋友（1961年10月13日）

谈朋友时刘淑梅给周保章的照片

刘淑梅就是我现在的老伴，我们经战友介绍认识，她是小学老师，担任学校少先队大队辅导员、共青团员，追求进步，热爱学习，每天晚上都要去夜校学习，高中文化。我当时已在夜校读大学课程，我们各自忙于工作和

注[1]：这封信为邓颖超秘书张元代笔。

业余学习，每个星期只能见一面。

她比我小五岁，经一段时间交往，觉得各方面条件还不错，那时候我已经28岁，遂有意继续交往。我把情况向七伯、七妈作了详细的汇报，两位老人在恋爱婚姻问题上一向是民主的，尊重我个人的意见，但作为长辈，他们也循循善诱地把握着大的方向。七妈在信上说，她的各方面条件也还合适，你的看法也对，看发展来决定。寥寥数语，让我心头暖融融的，也增强了我的信心。

失窃

1961年，在这个国家最困难时期的严冬到来之前我却被窃了，衣服和被褥被洗劫一空。在那个难挨的日子里

1961年10月邓颖超给周保章的毛衣和背心

我惶恐不安，当时国家贫穷，每年每人发给一丈五尺布票，凭票买布，没有布票一寸布也买不到。单位当时救济我一丈五尺布票，这就很破例了，但一丈五尺布票只够做一床被的被里，远不能解决我的问题，迫不得已我向七伯、七妈求助。七妈很快为我救急，寄了一大包衣服。

七妈寄给我的一大包衣服全是七伯的，可惜这些衣服现在只保存下一件毛衣和一个马甲背心，不然的话真可以办个小型展览会，看看共和国总理穿的是什么，他是如何勤俭节约，与人民同甘共苦，共渡难关的。

第十六封信

保章侄：

收阅十九日来信，详悉你的父亲病危好转，你妹妹处境困难的情况，我们将给你妹寄去100元，作为她们病中补助。

你三哥所在部队的制度，我们不了解，也不便去探问。只有等你父亲以后病更好些，能够下床活动时，你们再和你三哥去商量，接你父亲转广州养病为好。

至于你要求返回部队工作的问题，应由你的组织考虑决定，你自己仍按在地方长期工作去努力，这是对的。

春节期间，七伯和我最大可能去外地；北京的气候比青岛冷，你去年来团聚过，我的意见，你可将来京的往返旅费，转助你的父亲和妹妹更切实际。

近日，七伯和我的身体、精神尚好，希勿远念！

愿你

健好！

保章侄：

收阅十九日来信，详悉你的父亲病危好转，你妹妹处境困难的情况；我们将给你妹妹寄去100元，作为她们病中补助。

你三哥所在部队的制度，我们不了解，也不便去探问。只有等你父亲的病更好些，能够下床活动时，你们再和你三哥去商量，接你父亲到广州养病为好。

至于你要求返回部队工作的问题，应由你的组织考虑决定，你能仍按在地方长期工作去努力，这是对的。

春节期间，七伯和我最大可能去外地；北京的气候比青岛冷，你去年未来团聚过，我的意见，你可将来京的往返旅费，补助你的父亲和妹妹更切实际。

近日七伯和我身体精神尚好，希勿远念！

顺祝

健好！

七妈

1961.12.27.

装 訂 綫

第 頁

七妈[1]

1961.12.27

通信背景

父亲病故（1961年12月27日）

父亲患有肺结核、气管炎，由于岁数大了，身体衰弱。当时国家处于困难时期，物资匮乏，吃不饱饭，更谈不上营养，加之没有医疗保障，父亲病情加重。我和哥哥周保常赶回家去，为父亲办理住院，才使其病情稍有好转。我和哥哥的假期结束后，就各自返回了工作单位。七伯、七妈知道后很是关心，又给我妹妹处寄去一百元钱，半年之内七妈给我妹妹寄去了二百元，这在当时不算笔小数目，相当于一个工人的半年工资。

七妈建议我父亲稍好后去广州保常哥处养病为好，但保常哥当时在广州部队司令部直属政治部工作，是个敏感的单位，那时部队还没有设置家属宿舍，都是在营房里找间房子安置一下。由于父亲的身份，在营房里和机关混在一起确实是个问题。但是这个问题还没有来得及探讨，父亲就于1962年1月27日病故了。

注[1]：这封信为邓颖超秘书张元代笔。

战备动员

这封信七妈提到了我要求返回部队工作的问题，那时因为蒋介石趁国家困难时期要反攻大陆。1949 年蒋介石率残部逃到了台湾，但其不甘心失败，时刻不忘反攻大陆，经过十余年的积累，自感羽翼已丰，加上大陆三年自然灾害，1961 年尤盛，所以蒋介石自觉时机已到，蠢蠢欲动，党和国家也早有准备，做了战备动员。其中要求复员转业军人做好准备，随时返回部队迎击敌人。

我留恋部队的生活，很想重返部队，我也有条件，还年轻，才二十几岁，就写了封信给七伯、七妈，表达自己的心意。尽管我的要求写得比较缓和，但骨子里还是抱有希望，是不是通过七伯、七妈可以重返部队呢?

七妈在来信中一针见血指出，你要求返回部队工作的问题应由你的组织考虑决定，言下之意，不能通过他们来搞特殊，我也因此端正了态度。

第十七封信

保章同志：

三月八日你给七妈的信，她已见到了，因为月来她的会议比较多，有时感到疲乏，所以嘱我代她复信给你。

关于你调动社会活动的事，确如你自己认识的，是组织对你的信任。七妈相信你今后定能本你一贯服从组织决定，勤恳工作的精神，努力做好工会工作，让组织和同志们进一步了解你。

保留一个时期的团籍问题解决了吗？你生活、工作在集体中，群众会教给你战胜一切的本领，预祝你在工会工作中有新的收获！

祝你

健好！

张元

1962年4月17日

保章同志：

三月廿八日你给七妈的信，她已见到了。因为月来她的会议比较多，有时要到夜々，所以嘱我代她复信给你。

关于你调动社会活动的事，我认为你自己认识的：是组织对你的信任。七妈相信你会坚定地本你一贯服从组织决定，勤恳工作的精神，努力做好工会工作，让组织和同志们进一步了解你。

你前一个时期的团籍问题，解决了吗？你在生活、工作的锻炼中，群众会教给你战胜一切的本领。预祝你在工会工作中有新的收获！

祝你

健好！

张元

1962年4月17日

通信背景

工会工作（1962年4月17日）

1962年我已29岁，共青团员一般到28岁就应退团了。退团后组织上同时安排我做工会工作，担任科室工会主席。这封信是七妈的秘书张元同志给我回的。其中说道：“努力做好工会工作，让组织和同志们进一步了解你。”这话说到了我心里，因为七妈知道我始终积极要求入党，而在当时的情况下，父亲的问题使我的组织诉求难以得到解决。七妈不断鼓励，叫我不要放弃，给我增强力量和信心。

第十八封信

周保章同志：

很久未收到你的信息，邓大姐十分惦念，近来你的身体和工作都好吗？请抽空给七妈来一信，告诉你的一切，免她挂念。另你妹妹不久前来信，拟请求调南京，不知已否如愿？你若收到她最近的信，可将情况一并告知。

专致

敬礼！

张元

1962.7.25

通信背景

七妈挂念我（1962年7月25日）

张元同志这封信催我赶紧给七妈写信，说她十分惦记我。接信后我立刻给七妈写了封信，免她老人家挂念。

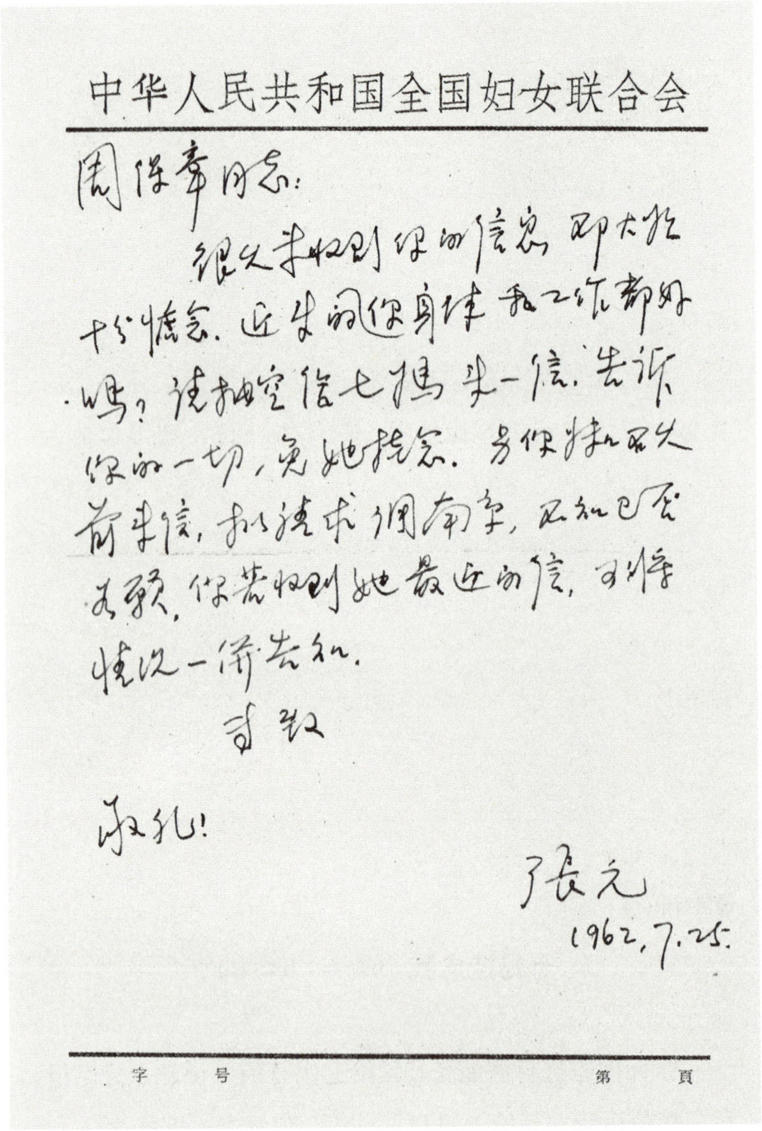

中华人民共和国全国妇女联合会

周保章同志：

很久未收到你的信了，邓大姐十分怀念。近来你身体和工作都好吗？请抽空给七妈来一信，告诉你的一切，免她挂念。另你妹很久前来信，托请求调南京，不知已否办妥，你若收到她最近的信，可将情况一并告知。

此致

敬礼！

张元

1962.7.25.

字　号　　　　第　頁

当时我确实很忙，所有事情都凑到了一块儿。我被调往计划科编计划，抓生产对我来说是陌生的，我必须深入车间，深入生产实际，向工人学习，向生产技术学习，压力确实不小，占据了许多时间。而我的社会工作，做工会工作也是新课题。工会是工人的家，为了维护工人的利益，我必须深入工人群众之中，了解他们的需求。要在党组织领导下做好工会工作，我也得拿出很多时间去熟悉、去学习。

当时我在中国人民大学工业经济专修科（函授）学习，即将毕业，忙于毕业考试，还要完成一篇论文。另外，我和刘淑梅的婚事也确定在秋天进行，这就需要筹备一些事情，真是忙得不亦乐乎。

但接到张元的来信，我也感到内疚，怎么忽略了给七妈她老人家写信呢？让老人家挂念、着急，以致张元也着急并发来了这封信，真不应该。

第十九、第二十封信

保章侄：

你七月八月的两封来信，都由张元同志转给我了，你和淑梅的合影也见到了，勿念。

你们的婚姻大事，按婚姻法和我们的家规，都主要由你们双方自愿、自主、自决，相互负责处理。结婚的日期，也由你们自己择定，我和七伯只能向你们祝福祝贺，提不出更多的意见。

我和七伯前两天才返京，精神身体尚好，顺告。

匆复　愿

你和淑梅健好！

七妈[1]

1962.8.28

注[1]：这两封信为邓颖超秘书张元代笔。

保章侄：

你七月八月的两封来信，都由张元同志转给我们。你和淑梅的合影也见到了，勿念。

你们的婚姻大事，按婚姻法和我们的家规：都要由你们双方自愿、自主、自决，相互负责处理。结婚的日期，也由你们自己择定，我和七伯只能向你们祝福祝贺，提不出更多的意见。

我和七伯前两天才返京，精神身体尚好，顺告。

匆覆 颂

你和淑梅健好！

七妈

1962.8.28.

保章侄：

你上月10日和最近的来信，我都先后看到了。看到你们的合照，双双健好，我很高兴。你们本着节约的精神、严肃的态度，在组织和同志们的关怀下，满意地举行了你们的婚礼；这次来信，又谈到你们婚后的生活近况，你和淑梅都愉快地在工作和学习，感到幸福。我和七伯也感到欣慰。你们今后要坚持互助、互勉、团结和睦，对工作和学习，力求进步，做到既有利于个人生活，也有利于集体事业，相爱始终，这是我对你们的衷心祝愿。

国庆节前后，我由于会议较多，工作和活动也频繁，不久前医生建议我需稍事休息，只宜做持续少用脑力的工作，经休息后，现已稍好些；七伯虽忙，但精神健好，希勿为念。

冬初气候乍寒，望注意你们的健康！

顺颂

你和淑梅好！

七伯

1962.11.16.

保章侄：

你上月10日和最近的来信，我都先后看到了。看到你们的合照，双双健好，我很高兴。你们本着节约的精神、严肃的态度，在组织和同志们的关怀下，满意地举行了你们的婚礼，这次来信，又谈到你们婚后的生活近况，你和淑梅都愉快地在工作和学习，感到幸福，我和七伯也感到欣慰。你们今后要坚持互助、互勉、团结和睦，对工作和学习，力求进步，做到相爱始终，既有利于个人生活，也有利于集体事（业），这是我对你们的衷心祝愿。

国庆节前后，我由于会议较多，工作和活动也频繁，不久前医生建议我需稍事休息，不宜做持续多用脑子的工作。经休息后，现已稍好些；七伯虽忙，但精神健好，希勿为念。

冬初气候乍寒，望注意你们的健康！

愿

你和淑梅好！

七妈[2]

1962.11.16

注[2]：这两封信为邓颖超秘书张元代笔。

通信背景

婚姻大事（1962年8月28日）（1962年11月16日）

国家度过了困难时期，社会开始复苏，人们也恢复了活力。1962年我已经29岁了，男大当婚，我和刘淑梅同志经一年多时间的交往，彼此认可，就准备解决个人问题，并向七伯、七妈禀报，征求意见。七妈就写来了11月16日的信。

我和刘淑梅同志是1962年10月1日结婚的，那时青年人对待婚姻大事严肃认真，相互负责，但举行仪式却简

1962年10月1日周保章刘淑梅结婚照

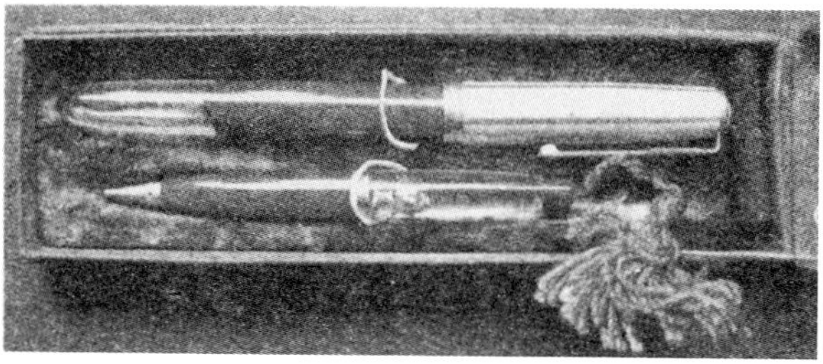

周恩来、邓颖超送给周保章、刘淑梅的结婚礼物——一对钢笔

单朴素。新郎、新娘既没有坐车也没有坐轿，结婚的当天下午，刘淑梅同志用小孩车推着铺盖来到我们的新房。这是一间 13 平方米的小房子，两个铺盖一合，一把桌子两把椅子，摆了糖果和瓜子，既没有设宴也没有喝酒，同事们热闹一番就办了我们的婚姻大事。七伯、七妈送了我们一对钢笔作为结婚礼物，鼓励我们要努力学习，不断进步。

七伯、七妈教育我们在婚姻上要严肃认真，相互负责，互助互勉，相爱始终。他们不仅言传，而且还身教。我们侄儿们都知道七伯和七妈相濡以沫几十年，长期以来夫妻之间形成了“八互”，就是“互爱”“互敬”“互勉”“互慰”“互让”“互谅”“互助”“互学”，以至于他们在长期凶险的地下工作中，在艰难的两万五千里长征中，在延安时以及在中南海时，他们都是著名的模范夫妻。七妈曾经作了一首诗赠予七伯：

夫妻庆幸能到老，无限深情在险中。

相偕相伴机缘少，革命情谊万年长。

恩来留念

颖超书赠

1962年6月14日（端午节）

每逢佳节倍思亲，1964年端午节这一天，偌大的西花厅又孤零零只剩下了七妈一个人，所以她在这时写下了这首思念周恩来的诗歌送给他。

光阴似箭，日月如梭，2012年10月1日，是我和老伴结婚五十周年纪念日，在这一天到来之前，孩子们早早做了各种准备，要为我们五十年前的简单婚礼补补课，要拉着我们去照相馆补拍一组金婚婚纱照，还要到大酒店办一场高标准的宴席，好好热闹一番，但我们没有同意。老伴和我商量，如今对老年人来说，最重要的是健康，我们就换上练功服，夫妻共同到海边打了几套太极拳，叫孩子录下来做成碟片，留作纪念，这就是最好的金婚礼物。

天公作美，10月1日那天天气特别好，风和日丽，我们每天晨练的场地也绿树成荫，百花争艳，老伴穿了一身大红的练功服，我穿了一套白色的，红白相间，与场地组成了一幅绝妙的图画。一对耄耋老人居然还如此矫健，引来了围观者的喝彩，我们足足锻炼了两小时才结束，但

周保章、刘淑梅及女儿周玮合照

仍觉得余兴未了。我们的金婚纪念活动还引来了媒体的关注，记者将我们的事迹登在《老年生活报》的头版，并配有照片，引来一阵祝贺和轰动，现将当时报道的文章抄录如下：

恩爱有加，志趣相投
金婚老两口还是拳友舞友和“驴友”

少年夫妻老来伴，夫妻恩爱，身体健康是家庭和谐的基础，在青岛市市南区八大峡街道汶铁社区的一处居民小区里有一对平凡的老夫妻，他们已经相知相守，风风雨雨牵手走过了五十年，“如果没有她的呼唤，我肯定活不到现在”，一句感人肺腑的话，表达了79岁的周保章对妻子刘淑梅的感激之情。

恩爱有加志趣相投

金婚老两口 还是拳友舞友和“驴友”

少年夫妻老来伴。夫妻恩爱、身体健康是家庭和谐的基础。在青岛市市南区八大峡街道汶铁社区的一处居民小区里，有一对平凡的老夫妻，他们已经相知相守，风风雨雨牵手走过50年。“如果没有她的呼唤，我肯定活不到现在。”一句感人肺腑的话，表达出了79岁的周保章对妻子刘淑梅的感激之情。

一见钟情喜结连理

老家在浙江绍兴的周保章，年轻时入伍，1958年转业到青岛通用机械厂工作。1961年，在战友的介绍下，认识了在青纺机械厂工作的刘淑梅。“第一次见她的时候感觉很端庄，很清纯。”谈到对刘淑梅的第一印象，周保章觉得很满意，而刘淑梅则只用了两个字来形容周保章——“帅哥”。

虽然两人工厂离得很近，但是由于周保章和刘淑梅都要求进步，晚上要上夜校，一个星期只能见一次面，当时最大的娱乐就是去看场老电影。1962年8月22日，周保章和刘淑梅登记结婚了。婚后，他们住进了一间13平米的单身宿舍，把两张单人床拼成了双人床，日子就这样过起来了。

志趣相投恩爱有加

婚后，周保章和刘淑梅有了共同的兴趣爱好，一起打太极拳、跳交谊舞。每天清晨，太阳还没升起，他们就和青纺机械厂100多位队员一起晨练。在优美的音乐声中，打拳、练剑，其中还穿插着舞姿优美的木兰扇舞和中老年迪斯科。两人还整理了十几本太极拳教材。“我过去是厂保健站挂名的老病号，后来经过长期锻炼，病已好了大半，走起路来浑身是劲，好像又焕发了青春。”刘淑梅说。

患难与共催人泪下

1996年8月，周保章在北京检查出患了癌症。但手术并不像预期那样顺利，手术后他一直昏迷不醒，当时医生连病危通知书都下了。

“保章，保章……”在周保章昏迷的三天三夜里，刘淑梅一直在病床前呼唤着他的名字，许多病友都感动落泪了。直到第四天，周保章才睁开了眼睛，醒来的第一句话就问：“淑梅，这是白天还是晚上？”渡过这个难关以后，他们的生活终于又恢复了往日的幸福与平静。

特殊方式纪念金婚

现在，每天晨练成了周保章和刘淑梅生活中不可缺少的一部分，两人还在青岛市全民健身152辅导站担任太极拳教练。周保章和刘淑梅还从一对拳友、舞友，变成了一对“驴友”，一起到日本、韩国、新加坡、马来西亚、泰国去旅游。

“今年是我们结婚第50周年，我们的庆祝方式很简单，就是一大早到公园去打了一套太极拳，让女儿、女婿帮我们录下来，作为纪念。”74岁的刘淑梅说。

记者 **安娜** 通讯员 **徐明**

周保章、刘淑梅金婚照及报道

一见钟情，喜结连理

老家是浙江绍兴的周保章，年轻时入伍，1958年转业到青岛通用机械厂工作。1961年在战友的介绍下认识了在青纺机械厂工作的刘淑梅。第一次见她的时候感觉很端庄，很清纯，谈到对刘淑梅的印象，周保章感到很满意。而刘淑梅则只用两个字来形容周保章——“帅哥”。

虽然两人工厂离得很近，但由于周保章和刘淑梅都要求进步，晚上要上夜校，一个星期只能见一面。当时最大的娱乐就是去看场老电影。

1962年8月22日，周保章和刘淑梅登记结婚了。婚后，他们住进一间13平方米的单身宿舍，把两张单人床拼成双人床，日子就这样过了起来。

志趣相投，恩爱有加

婚后，周保章和刘淑梅有了共同的兴趣爱好，一起打太极拳，跳交谊舞，每天清晨太阳还没有升起，他们就和青纺机械厂100多位队员一起晨练，在优美的音乐中，打拳、练剑，其中还穿插着舞姿优美的木兰扇舞和中老年迪斯科。两人还整理了十几本太极拳教材。“我过去是厂保健站的老病号，后经长期锻炼，病已好了大半，好像又焕发了青春。”刘淑梅说。

患难与共，催人泪下

1996年8月，周保章在北京检查出患了癌症，手术并不像预期那样顺利，手术后他一直昏迷不醒，当时医生连病危通知书都下了。

“保章，保章……”在周保章昏迷的三天三夜里，刘淑梅一直在病床前呼唤着他的名字，许多病友都感动落泪了。直到第四天，周保章才睁开了眼睛，醒来的第一句话就问："淑梅，这是白天还是晚上？"渡过这个难关以后，他们的生活终于又恢复了往日的幸福和平静。

第二十一封信

保章侄：

十二日来信，早已收悉。

春节期间，如果你和淑梅都有假期，车票又容易买的话，既然淑梅已得到她大哥的邀请，我当然欢迎你们来京团聚。不过，七伯向例工作很忙，我今冬身体疲劳，仍未恢复，你们来京，也只能见见面，不能更周到的照顾你们。这方面，你是能理解的，望先转告淑梅为好。

你信中提到你父亲的历史材料问题，我已从有关方面查明。他的材料，在内蒙古自治区地方国营安北机耕农场存有一份，另他释放回去的地方组织，也有一份。你可告诉你的党组织，直接和上述单位取联系。

匆复　愿

你和淑梅健好！

七妈[1]

1962.12.26

注[1]：这封信为邓颖超秘书张元代笔。

保章侄：

十二日来信，早已收悉。

春节期间，如果你和淑梅，都有假期，车票又容易买的话，既然淑梅已得到她大哥的邀请，我当然欢迎你们来家团聚。不过，七伯伯的工作很忙，我今年身体疲劳，仍未恢复，你们来家，也只能见见面，不能更周到的照顾你们。这方面，你是能体谅的，望先陪去淑梅为好。

你信中提到你父亲的历史材料问题，我已从有关方面查明，他的材料，在内蒙古自治区地方国营安北机耕农场存有一份，另他释放回去的地方组织，也有一份，你可告诉你的党组织，直接和上述单位取联系。

每爱　好

你和淑梅健好！

七妈

1962.12.26.

第　　　頁

为入 努力（1962 年 12 月 26 日）

1962 年 10 月 1 日我和刘淑梅结婚，原本想领着新媳妇，在快要到来的春节假期去北京拜见七伯、七妈两位老人。一是春节假期时间较长，二是在北京工作的刘淑梅的大哥也邀请我们去。但是收到了七妈的这封信，七妈在信上说："我今冬身体疲劳，仍未恢复……"我们就打消了去北京的念头。虽然我们可以去淑梅大哥处，但我们一到北京，就对老人家形成很大的压力。七妈身体不好，所以我们就没有去。

我父亲的历史材料在内蒙古自治区地方国营安北机耕农场，1961 年在西花厅，七妈请总理办公室主任童小鹏同志给我看过有关的抄件，我回工厂后即写书面材料向组织汇报。组织上为了慎重，需要向原材料单位索取证明，我就向七妈提出了这个要求，七妈告诉我索取材料的证明单位，我就转告了向我父亲索要材料的单位。我想，关于我父亲的调查材料，应该在我的档案里头能够查到。

第二十二封信

保章侄：

六月初你给我的长信收到了。

数月来，我的工作会议较多，没有及时复你的信，当不怪我。

你和淑梅的婚后生活正常，我为你们高兴，你对淑梅的家庭成分及过去的家庭情况，已更进一步的了解，这便于你们今后在共同生活中，互相帮助，更好地进行思想改造，共同提高，不断进步。

现寄上《中国妇女》一册，内有我《向应届大学毕业生致意》一文，内容与你们有关。你们可看看，作为参考。

七伯和我的身体健好，希勿为念。

匆此 祝

你和淑梅都好！

七妈[1]

1963.8.1

注[1]：这封信为邓颖超秘书张元代笔。

保章侄：

六月初你给我的长信收到了。

数月来我的工作、会议较多，没有及时复你的信，当不怪我。

你和淑梅的婚后生活正常，我为你们高兴。你对淑梅的家庭成分及过去的家庭情况，已更进一步的了解，这便于你们今后在共同生活中，互相帮助，更好的进行思想改造，共同提高，不断进步。

现寄上"中国妇女"一册，内有我"向应届大学毕业生致意"一文，内容对你们有关，你们可看看，作为参考。

七伯和我的身体健好，希勿为念。

匆此　祝

你和淑梅都好！

七妈

1963.8.1.

通信背景

家庭出身（1963年8月1日）

我妻子刘淑梅和我交朋友时，她告诉我她们家是富农出身。而婚后我了解到，她家里没有一分土地，她父亲早年在青岛做买卖，是商人，而解放前就已破产，回了老家务农。这样，她家的成分顶多算是个商人，属于小资产阶级。如果是富农出身就不太妙，因为富农与地主在当时是属于专政对象的两个阶级。我家庭出身是职员，这和商人一样，都属于小资产阶级，属于团结的阶级。原来我向组织报告了妻子的出身是富农，我父亲有历史问题，所以背后就有人指责我们是臭味相投。

在当时以阶级斗争为纲的年代，出身几乎决定人的一切，是个人奋斗进步的大事，出身不好就很麻烦。所以那时候人们非常注重家庭的出身。我将我妻子刘淑梅的情况向组织重新做了汇报，也向七伯、七妈做了详细的汇报，所以七妈就来了这封信，予以肯定和鼓励。

第二十三、二十四、二十五、二十六封信

保章侄：

数月不得你的消息，在惦念中接悉十九日来信，始知因淑梅病情，引起你们不安。关于诊断问题，要同其他病症配合起来看，你们是否要求青岛医疗单位，除作局部检查外，是否配合做些有关方面科目的检查，可供进一步的诊断？如尚不能判明，当会按制度设法转有关单位检查。如必须作剖腹诊断，则要做好几种设想的准备。如系结核性瘤，经切除手术、治疗可获痊愈的，这样病例，我知不少。如系良性瘤，问题更不大，如是恶性癌，只要手术做得彻底，不使病毒转移，做后效果也好。但关键在于早期割治和彻底清除毒细胞，剖腹后的疗养至为重要。在目前医疗技术下，剖腹也不是“实在无办法的措施”。我在61年的盛夏曾由检查身体查出腹内长一卵巢囊肿（良性瘤），经大夫会诊确定后，不到一个月的时间，即有准备地做了剖腹大手术，手术经过良好，十天我就出院，经过数月的疗养，我的全身健康状

况比手术前还好了。所以，如果病情发展到非用手术不可，只要有准备地去做（包括病人的革命乐观思想），剖腹并不算可怕的手术。望告淑梅，要正视病情，乐观地对待病，直到战胜它。

我今年一直很忙，但精神健康比往年好些。望勿为念。

匆复　祝

健好！

七妈[1]

1963.12.24

保华侄：

数月未得你的消息，在惦念中接来十九日来信，始知因嫂嫂病情，引起你们不安。关于诊断问题，要同其他症状配合起来看。你们是否要求，专门医疗单位，除作局部检查外，是否配合作必要有关方面材料的检查，可供进一步的诊断。如尚不能判明，当会按制度讨论，转有关单位检查。如必须作剖腹诊断，则要作好几种设想的准备，如系恶性癌，经切除手术、治疗，可获痊愈的，这样病例，我知不少。如系良性瘤，问题更不大，如是恶性癌，只要手术作得彻底，不使病毒扩散，术后效果也好。但关键在于早期割治和彻底清除毒细胞，剖腹后的疗养更为重要。在目前医疗技术下，剖腹也不是实在无办法的措施"。我在61年的盛夏，曾由"检查并经查出腹内长一卵巢囊肿（良性瘤）经大夫会诊确定后，不到一个月的时间，即有准备地作了剖腹大手术，手术经过良好，十天我就出院，经过数月的疗养，我的全身健康情况，比手术前还好了。所以，如果病情发展到非用手术不可，只要有准备地去做（包括病人的革命乐观思想），剖腹并不可怕

性的手术，望去做掉，要下决心，乐观地对待病，直到战胜它。

我今年一直很忙，但精神健康比往年好些，请勿挂念。

每霞 祝

健好！

妈

1963.12.24.

第 页

保章侄：

廿三日来信收悉。

淑梅的病，最近无明显发展，只要你们从思想上重视它，解除恐惧，和大夫合作，一定能治好的。中医诊断的情况怎样了？

我因最近还忙于必要完成的工作，不久还有可能离京去外地，加以今年北京的气候反常，对于你和淑梅的身体，恐不合适，所以今年春节假期，不能实现在京和你们欢聚。虽然我很想见到你和淑梅，只好留待以后的机会了。

匆此 祝

你和淑梅都好！

七妈[2]

1964.1.27

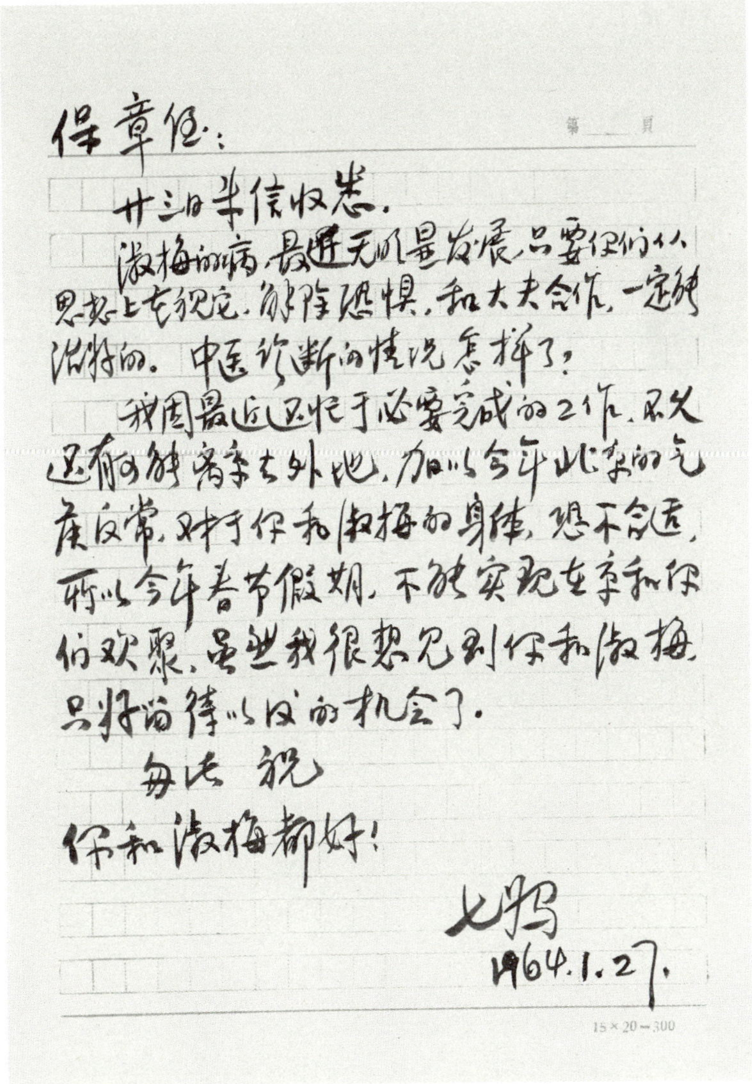

保章侄：

廿三日来信收悉。

淑梅的病，最近无明显发展，只要你们从思想上去规定，解除恐惧，和大夫合作，一定能治好的。中医诊断的情况怎样了？

我因最近还忙于必要完成的工作，况父还有时须离京去外地，加以今年此地的气候反常，对于你和淑梅的身体，恐不合适，所以今年春节假期，不能实现在京和你们欢聚。虽然我很想见到你和淑梅，只好留待以后的机会了。

顺此　祝

你和淑梅都好！

七妈

1964.1.27.

淑梅：

我刚收到保章的信，说你4日乘车来京，想已到达。我也很想见到你，但近几天我还很忙，抽不出时间。过几天，我托人去带你来我处晤谈。

你是否已经交涉好医院，挂号就诊了？你每天除了看病，什么时间对你方便？你嫂嫂处是否有电话可以接用？均望来函告我。

复信寄府右街国务院转我即可。

望你

安心治疗！

七妈[3]

1964.8.8

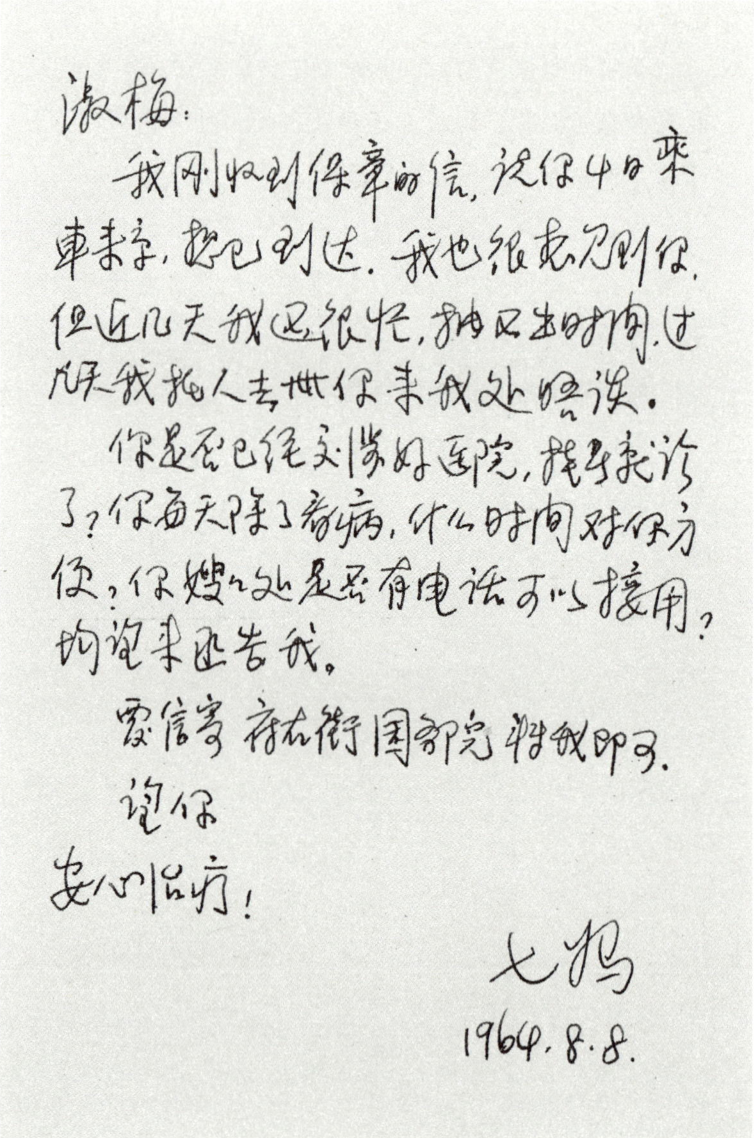

淑梅：

我刚收到保章的信，说你4日来京，想已到达。我也很想见到你，但近几天我还很忙，抽不出时间，过几天我托人去接你来我处晤谈。

你是否已经交涉好医院，找到大夫诊治了？你每天除了看病，什么时间对你方便？你嫂嫂处是否有电话可以接用？均望来函告我。

写信寄府右街国务院转我即可。

望你

安心治疗！

七妈

1964.8.8.

保章
淑梅：

十月六日来信，知道淑梅已平安返回青岛，住在妈妈处，我放心了。

近来淑梅的伤口是否已痊好？身体、精神比刚回家时好些吗？我常在念中。

在气候变化的季节，更要十分注意才能缩短养病的日期，早日恢复健康。

保章近况怎样？

七伯和我都健好，顺告。

匆祝

健好！

七妈[4]

1964.10.27

注 [1][2][3][4]：这些信为邓颖超秘书张元代笔。

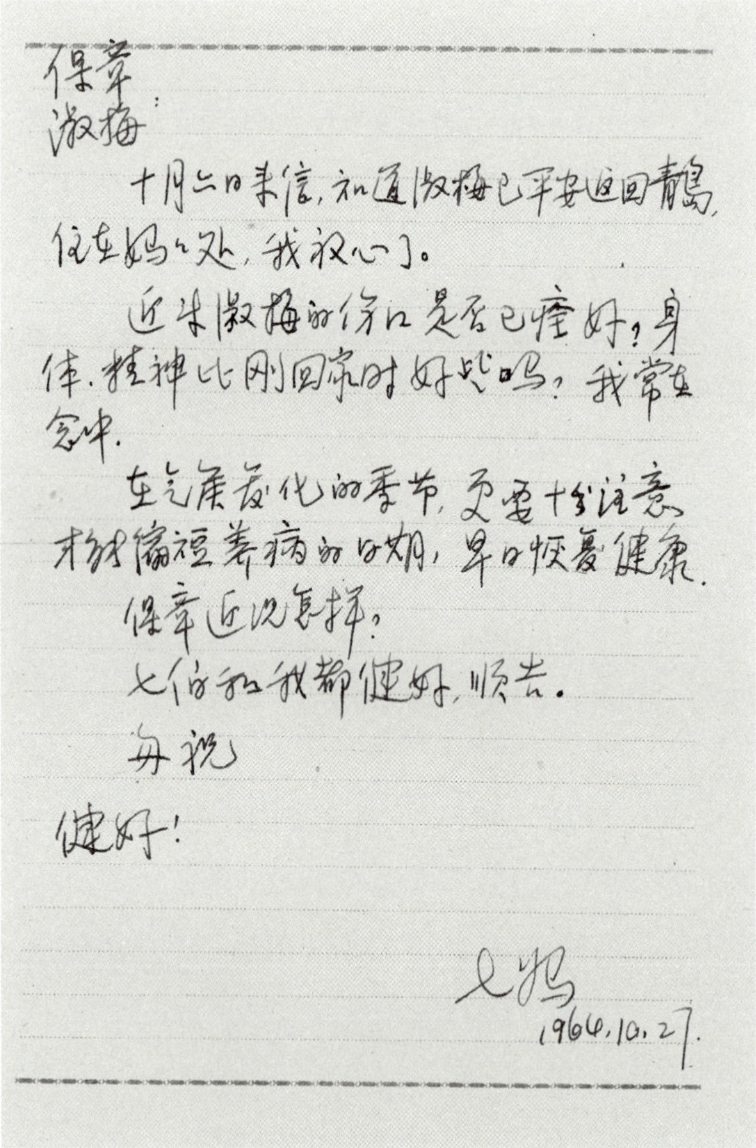

保章
淑梅：

十月六日来信，知道淑梅已平安返回青岛，住在妈妈处，我放心了。

近来淑梅的伤口是否已痊好？身体、精神比刚回家时好些吗？我常在念中。

在气候变化的季节，更要十分注意，才能缩短养病的日期，早日恢复健康。

保章近况怎样？

七伯和我都健好，顺告。

并祝

健好！

七妈

1964.10.27.

妻子患病（1963 年 12 月 24 日至 1964 年 10 月 27 日）

我妻子刘淑梅患病了，有一段时间，我们奔波于工厂保健站以及市各大医院。七妈闻讯后即来信慰问，并以自身患病经历开导我们，分析病情的种种可能，教育我们如何应对，直至战胜病魔。

淑梅的病在青岛几家大医院没有诊断出结果，医院同意转往外地就医，我和淑梅商量，自己前往北京看望，不去惊动七伯、七妈两位老人。但是到了北京协和医院去看病连号都挂不上，一连三天都无功而返，人也搞得异常疲劳。最后还是得到七妈的帮助，住进了医院，经大夫诊断，结果正如七妈所料，淑梅的病经手术后彻底痊愈。

妻子到北京治病是岳母陪她去的，她们在北京连住院带休养近两个月，我没有去。北京的亲戚曾提出批评意见：“保章真放心啊！”

是啊，妻子做大手术，当时是有风险的，我怎么会没有去呢？我不能丢下工作在北京待两个月，但起码妻子手术前后我应该到场，我怎么会没有到呢？现在想起来，愧疚之心油然而生，其实我们当时结婚才一年呢，可以说还是新婚。那时的青年太“革命”了，我在争取进步的艰难道路上更是不敢懈怠。不允许有个人主义，“要斗私批修”，

"革命不是请客吃饭，革命不是温良恭俭让"，在以阶级斗争为纲的日子里，人们失去了应有的理性和人性。

妻子在北京治病，七妈安排接见她两次，第二次还特意安排百忙中的七伯接见，并赠送她一些衣服。特别有意义的一件衣服至今还珍藏着，那就是越南胡志明主席为七妈做的一件府绸连衣裙。

七妈在 1964 年 12 月 27 日的来信中写了这么一句话："知道淑梅已平安返回青岛，住在妈妈处，我放心了。"这句短话特别令人温暖，七妈总是这样无微不至地把关爱送给别人，有七妈对我们的关爱，真是很幸福啊！

第二十七、二十八封信

保章侄：

很久前收到你和淑梅的信，保章提到对一些事情的意见，我认为经过你自己的妥善处理，已渐解决。我不了解全面的具体情况，不便表示意见，加上我的工作忙，所以未回信。

现又接五月十七日来信，知道近况，希望你仍采取冷静客观的态度为好。

先简复，等我有空时，再详去信。

勿此 愿

你和淑梅健好！

七妈[1]

1965.5.26

注 [1]：这封信为邓颖超秘书张元代笔。

保章侄：

很久前收到你和淑梅的信。保章提到对一些事情的意见，我认为经过你自己的妥善处理，已得解决。我不了解全面的具体情况，不便表示意见；加上我的工作忙，所以未回信。

现又接五月十七日来信，知道近况。希望你仍采取冷静客观的态度为好。

先简复，等我有空时，再详来信。

匆此 顺颂

你和淑梅健好！

七妈

1965.5.26.

周保章同志：

你8月15日和七月份给七妈的两封信，都收到了，因她在外地，我已把来信转去了，请放心。你信中要征求七妈意见的问题，等她返京后，会抽空回你的信。

匆致

敬礼!

张元

八月廿日

通信背景

“四清运动”（1965年5月26日、1965年8月20日）

1964年、1965年全国开展的“四清运动”又使我跌入人生低谷。“四清”即清思想、清政治、清组织、清经济。此次运动来势凶猛，声势浩大。

凡开展“四清运动”的单位，原单位党组织一律靠边站，由上边派遣“四清工作队”领导。凡来的“四清工作队”都声称是毛主席派来的，他们开展工作较为神秘，单线串联，个别暗访。工人们听说工作队是毛主席派来的都积极拥护，希望能够把工厂领导的一些不良风气予以整顿，把工厂搞得更好。

我很快就被“四清工作队”确定为依靠对象，并被吸

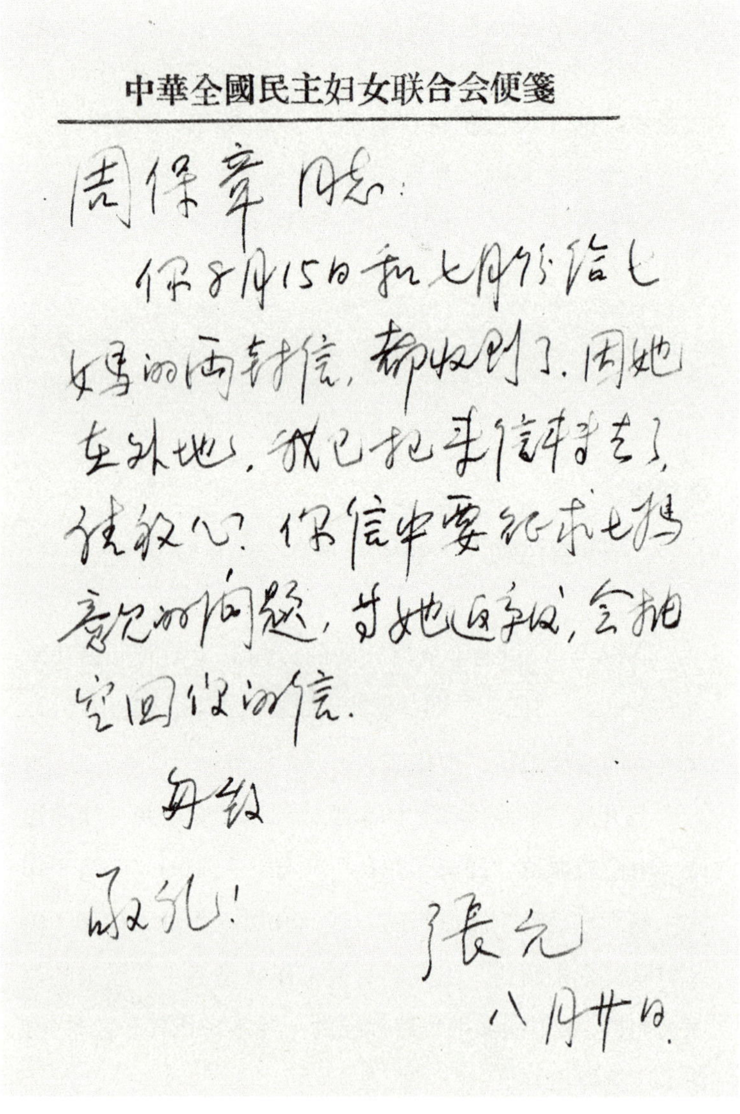

中華全國民主妇女联合会便箋

周保章同志：

你8月15日和七月份给七妈的两封信，都收到了。因她在外地，我已把来信转去了，请放心。你信中要征求七妈意见的问题，等她返京后，会抽空回你的信。

此致

敬礼！

張元

八月廿日。

收为厂“四清运动领导小组”成员，参与全厂的“四清运动”的领导。当时我还是一名群众，科室的一般干部，“四清工作队”如此重用，我的积极性很高。心想，跟“四清工作队”干就是紧跟毛主席干，所以我在运动中发挥了很大的作用，表现突出。

但万万没有想到，开展得如火如荼的运动戛然而止，草草收场，“四清工作队”很快撤离，工厂的原领导官复原职，我们这批“四清运动”中的积极分子就没有好果子吃了。

我是最容易受到打击报复的一个，因为我父亲的问题，随便找个什么理由就把我打入“另册”。由于父亲的问题，在当时的情况下我的组织问题难以解决。但党组织一直没有放弃我，一直把我列为入党积极分子队伍中的一员，并且从退团后，我一直担任科室工会主席和厂工会副主席这些重要的社会活动职务。

然而“四清工作队”一撤，他们很快就把我清了出来，凡事都把我排除在外，我受到了空前的孤立和压力。当时情况相当严峻，对我极为不利，所以我就写了一封信向七伯、七妈作了汇报。

然而我也没有想到事情发展会急转直下，我并没有被吓倒，因为当时我还年轻，三十岁出头，跌倒了可以重新再来。苦恼中，我写了信向七伯、七妈倾诉衷肠，以求慰藉。但我也知道，以七伯、七妈的办事原则，他们不可能听信我一面之词，也不可能为了我去插手基层的事。何况他们严格要求我们低调处事，工厂并不知道我们的关系。

不过，我在“四清运动”中所受到的遭遇，可能不是个例，七妈在 1965 年 5 月 26 日给我的信中最后写道:“先简复，等我有空时再详去信。”1965 年 8 月 20 日，七妈的秘书张元同志给我的信中也写道 :“你的信中要求征求七妈意见的问题，等她返京后会抽空回你的信。”但七妈可能工作很忙，也可能“文化大革命”的风暴已经逼近，我在“四清运动”后的遭遇，七妈并没有给我再来过信。

第二十九封信

保章侄：

廿七日来信收悉。

关于你父亲的档案材料问题，等忙过国庆，我再复信告诉你到什么单位去查问。

你保常哥早已入党，他如何向组织交代的，你可参考。

七伯和我均好，勿念。

愿

你和淑梅好！

七妈[1]

1965.9.30

注 [1]：这封信为邓颖超秘书张元代笔。

中华人民共和国全国妇女联合会

保章侄：

廿七日来信收悉。

关于你父亲的档案材料问题，等忙过国庆，我再写信告诉你，到什么单位去查问。

你保常哥早已入党，他如何向组织交代的，你可参考。

七伯和我均好，勿念。

致

你和淑梅好！

七妈

1965.9.30.

字　　号　　第　　頁

入党一波三折（1965 年 9 月 30 日）

“四清运动”在我们厂草草收场后，官复原职的书记倒行逆施，引起公愤。他不仅对我报复，对厂的副书记和厂长们也下手，搞得领导班子不团结，无法工作。上级采取了果断措施，把他降职调离，去做行政工作，工厂才又恢复了正常秩序。

厂的副书记和厂长都是当时“四清领导小组”成员，对我很了解，当时对我的处境也很同情，加上“四清工作队”撤离时，“四清工作队”队长对我说，关于我的入党问题，专门向厂里作了交代，原书记被调离后，我不仅避免了更大的厄运，而且负责组织工作的同志又找到我，了解、调查我父亲的材料、详细单位，我的入党问题似乎又有了转机。

我哥哥周保常，和我是于 1950 年同时参军的，他去了陆军，我到了海军。他于 1953 年入党，因为父亲的问题，预备期延长了一年后才转正。当时党的政策是讲成分论但不唯成分论。这一政策在部队这个大家庭里确实能够体现出来，使人感到温暖。我在部队表现优秀，1956 年部队在知识分子中发展党员时，我因为是部队长期的培养对象，已经填了表成为入党积极分子。

但那个时候不巧，我偏偏得了肺结核，住进医院，错过了入党时机，接着部队变动，我于1958年就转业了。到地方工作申请入党就不是那么容易了。特别是我转业的工厂是公私合营小厂，员工不足百人，还没有建立党组织，只有工方代表。几个小厂组成一个党支部，党组织发展问题在一时还提不到议事日程上，我的组织问题就这样拖了下去。

第三十封信

保章
淑梅 二同志：

你们元月十四日给你七妈的来信收到了，信中提出于春节假期来京探望你七伯和七妈一事。

你七妈嘱：你们不必前来探望，她不能亲自复信，让我给你们写回信。她连续患病，体质一直很虚弱，医生嘱不能见客，需要经过冬春这一阶段的静养，身体会逐渐好起来的，请放心。

你七伯工作特忙，经常去外地，因此你们来京探望会增加两位老人的不便。你们在春节假期好好休息休息，更好地迎接新的工作。

另，在十二月份，成元功同志为帮助你调查你父亲的材料一事，曾经给你去信，不知收到否。

祝

节日愉快

你七妈的秘书　赵炜

元月十七日

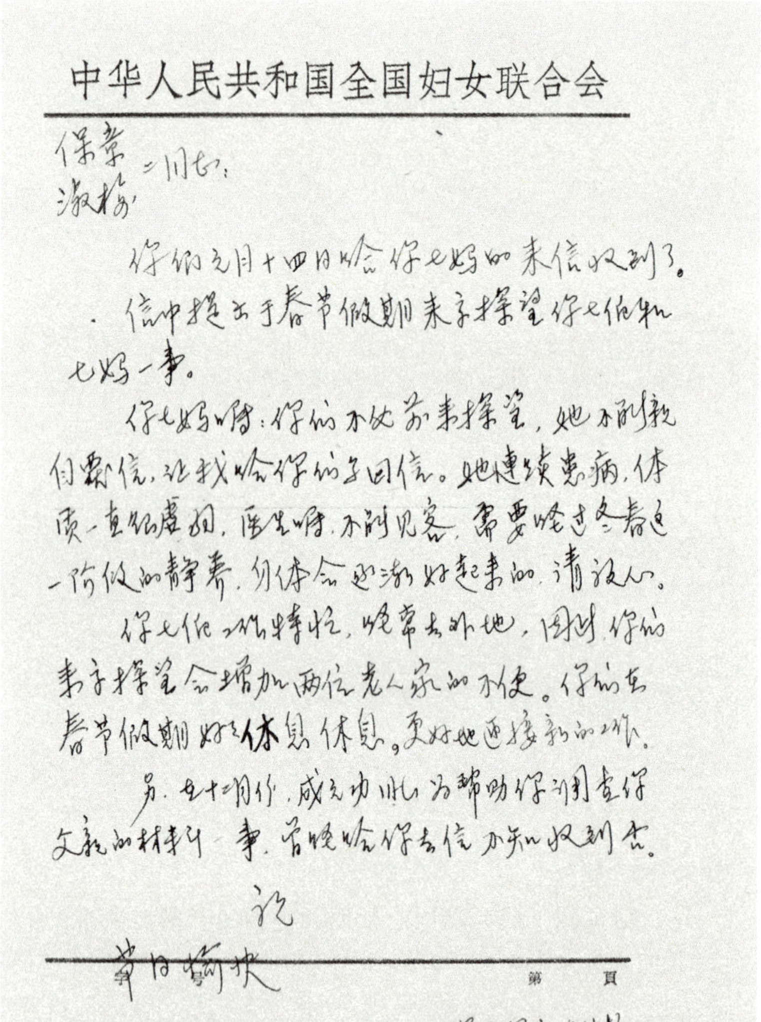

中华人民共和国全国妇女联合会

保京、淑梅二同志：

你们元月十四日给你七妈的来信收到了。

信中提出于春节假期来京探望你七伯和七妈一事。

你七妈嘱：你们不必前来探望，她不能亲自覆信，让我给你们写回信。她连续患病，体质一直很虚弱，医生嘱，不许见客，需要经过冬春这一阶段的静养，身体会逐渐好起来的，请放心。

你七伯工作特忙，经常去外地，因此，你们来京探望会增加两位老人家的不便。你们在春节假期好好休息休息，更好地迎接新的工作。

另，去十一月份，成元功同志为帮助你们调查你父亲的材料一事，曾经给你去信，不知收到否。

祝

节日愉快

第　　頁

你七妈的秘书

赵炜

元月十七日

“文革”战火已打响 (1966年1月17日)

从这封信知道七妈的秘书由张元换成了赵炜，以后很多次通信都由赵炜秘书代笔。

通过一年多的康复，淑梅的身体完全好了。我原本想与她一同前往北京探视七伯、七妈，也好让两位老人放心，但接赵炜信后我们就打消了去北京的念头。

七妈身体不好，我本不能再去添“乱”，何况医生嘱她不能见客，我心中虽然很牵挂，但也只能遵医嘱。这年5月16日，中共中央发表了“通知”，正式在全国开展了“文化大革命”。这个通知简称“5·16”通知，是“文化大革命”的纲领性文件，它提出了进行“文化大革命”的理论、路线、方针和政策。

赵炜秘书的来信已暗示了，如他在信中说的：“你七伯的工作特别忙，经常去外地，因此你们来京探望会增加两位老人的不便。”

这封信提到了成元功同志帮助调查我父亲材料一事，但我没有收到他的来信。成元功同志是周总理的卫士长，可能也是因为即将开展的“文化大革命”，他最终没有办成调查我父亲材料的事。

第三十一、三十二、三十三封信

周保章同志：

你10月10日给你七妈的信已收阅，现根据她的嘱咐让我回信给你。我们这里难以解决你休养的地方，来京休养住的地方困难。你是否向你所在的工厂提出来帮助你解决。从你的来信可以看出工厂又对你很关心，如果根据医生的诊断需要休养，工厂应当负责帮助联系。没有休养的地方，工厂也应当根据你家的条件是否能在工厂和其他地方帮助你解决房子，单独住一时期。至于如何，你应向你的所在组织提出为好。当然你来信提出来京的心情，为了及早恢复健康好上班，这种心情是可以理解的，但是从你七妈这里也难于解决的。

你七妈对你的受伤很关心，她认为除了静养之外，也应用必要的药物。不知你还吃什么药来配合？特向医生打听了一下对你这种病应吃的药物，现也同时转告于你。医生讲可以吃谷维素（西药，片的），这种药是上海出的，不知你们青岛那里有没有？北京没有的。如果你们那里没有，你可托人在上海买一下。

对于病，不能急，尤其是你这种病，急不得的。要按着医生的嘱咐办为好。

毛主席教导：既来之，则安之。希望你要安心静养，祝你早日康复。

专此

敬礼

赵炜

1971.10

保章同志：

你给伯伯、七妈的信收到了。

你伯伯和七妈都很忙，这是你知道的，同时你七妈从文化大革命开始以来，不接待人的禁令尚未解除。再则就是北京控制来京人员很严，尤其节日前后。因此，春节请你们不要来京了。

你工伤后，身体还未恢复健康，请不要急。伤一下子症状马上出现，但恢复起来是要很慢和逐步的，还要会出现反复波动的，不是着急能好得快的，神经方面的创伤的恢复可能更慢，请你安下心来好好疗养，作比较长期一点的打算。

第　　页

周保章同志：

你10月10日给你七妈的信已收阅，现根据她的嘱咐让我回信给你。我们这里难于解决你休养的地方，来京休养住的地方困难。你是否向你所在的工厂提出来帮助你解决。从你的来信可以看出工厂对你很关心，如果根据医生的诊断需要休养，工厂应当负责帮助联系。没有休养地方，工厂也应当根据你家的条件是否附近工厂或其他地方帮助你解决房子单独住一时期。至于如何，你应向你们工厂组织提出为好。当然你来信提出来京的心情，为了尽早恢复健康好些，这种心情是可以理解的，但是从你七妈这里也难予解决的。

你七妈对你的爱伤很关心，她认为除了静养之外，也应用些必的药物，不知你还吃什么药来配合，特问医生打听了一下对你这种病应吃的药物，现也同时转告于你。医生讲可以吃谷维素（西药，片的）这种药是上海出的，不知你们青岛那里有没有，北京没有的，如果你们那里没有，你可托人去上海买一下。

对于病，要耐心，尤其是你这种病急不得的，要按着医生的嘱咐办为好。

毛主席教导：既来之，则安之。希望你安心静养，祝你早日复健。

此致

敬礼

赵炜　1971.10

第　　页

保华同志：

你给伯伯、七妈的信收到了。

你伯伯和七妈都很忙，这是你知道的，同时你七妈从文化大革命开始以来，不接待人的禁令尚未解除，再则就是北京控制来京人员很严，尤其节日前后，因此，春节请你们不要来京了。

你父伤后，身体还未恢复健康，请不要急。伤一下子症状马上出现，但恢复起来是要很慢和逐步的，还要会出现反复波动的，不是着急能好得快的，神经方面的创伤的恢复可能更慢，请你安下心来好好疗养，作比较长期一点的打算。

"谷维素"你买不到，我们在北京打听

一下，看能不能买到，如能买到，买到后即给你寄点去。

祝你

早日恢复健康！

赵炜

1972.1.18

“谷维素”你买不到，我们在北京打听一下，看能不能买到。如能买到，买到后即给你寄点去。

祝你

早日恢复健康！

赵炜[1]

1972.1.18

保章同志：

前去之信，谅已收到。今从北京给你买到五瓶“谷维素”，与信同时寄出，请注意查收。

此药别人服后，有一定的疗效，无不良反应，不知是否适合于你的病情，请试服，服法内有说明。如服后有不良反应，即请医生检查，并照医生的意见办理。如无不良反应，那就继续服下去。

赵炜[2]

一九七二年元月廿四日

前信寄去未投到，附上此信。只寄信，未寄药，接信后回信，写明地址再寄药。

注[1][2]：这两封信因邓颖超秘书赵炜生病，由周恩来秘书赵茂峰代笔。

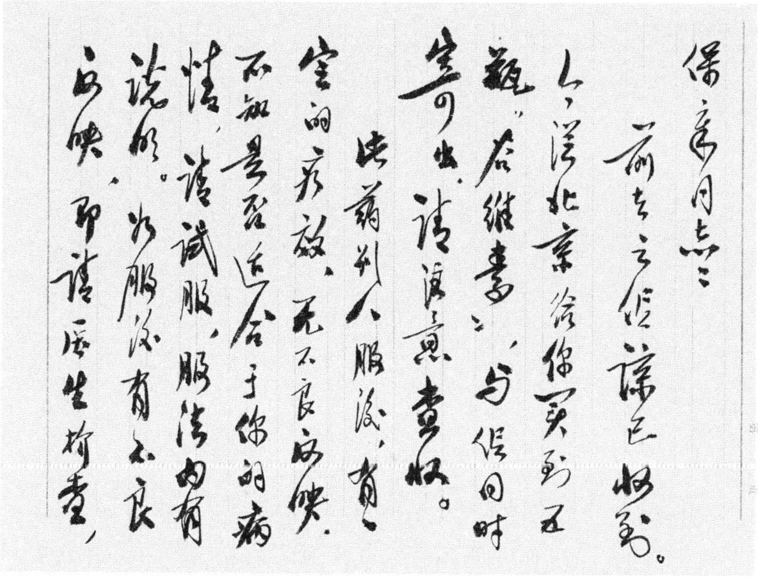

偶彦同志：

前去之信谅已收到。今从北京给你买到五瓶"谷维素"，与信同时寄出，请注意查收。此药别人服后，有一定的疗效，无不良反映，不知是否适合于你的病情，请试服，服后如有说明。如服后有不良反映，即请医生斟酌，

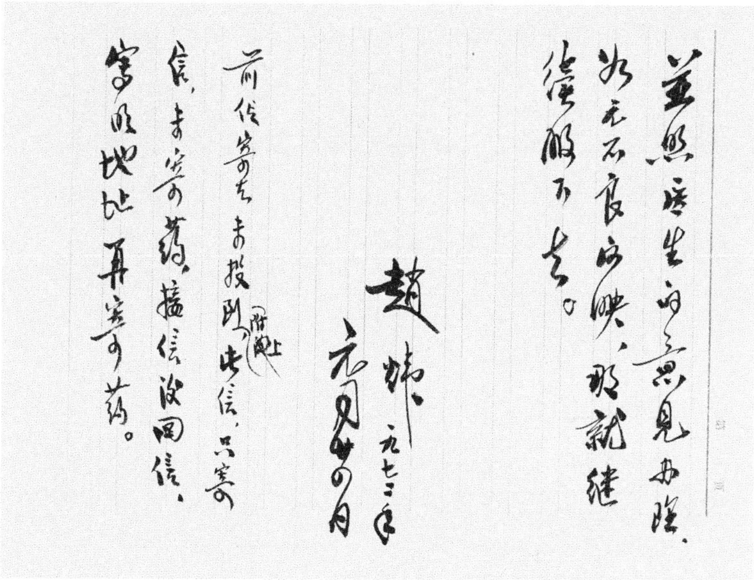

并照医生的意见办理。如无不良反映，那就继续服下去。

赵朴初

一九七二年元月廿四日

前信寄去未接到（附此上）此信，只寄信，未寄药，接信后回信，写明地址再寄药。

通信背景

车间主任被打倒（1971年10月、1972年1月18日、1972年1月24日）

“文化大革命”时我在车间当主任，为了赶“时髦”，车间主任就变成了连长。我所在的车间是铸造车间，原来车间管理人员由主任、书记、计划调度、技术、统计、保管、销售等七八个脱产人员组成。“文革”中整个车间只有我一个脱产管理人员，什么事都是我干，其他那些人都下放了。我个人忙点累点不要紧，但“文革”中两派互斗很难管理，也严重影响生产进度。

一次两派都要在中午吃饭时开会，他们在我的办公桌上贴了两张大字报，勒令我到会汇报生产情况。我希望他们联合起来一块开，两派都不同意，我也不能分身，只能两个开会地点都不去，待在办公室里静观事态的发展。

其中一派较为蛮横，七八个人怒气冲冲地闯进办公室，把我拖到无人的焦炭棚里一顿好打。七八个人围着一个人打，我根本就没法招架，造反派打累了，撂下一句话：“下次再‘勒令’你不到，你试试看。”

当时我也被打蒙了，半天没有爬起来，只觉得浑身胀痛，鼻青脸肿，特别是我的左手腕肿胀得厉害。当时我拿着的毛主席语录小红书被打掉了，我去拾书时，被一只穿着大翻毛皮鞋的脚猛踩在手腕上，钻心的痛使我本能地大叫一声，这也是在造反派打我的全过程中唯一的出声。我的左手腕从此就落下了病根。至今已过去了四五十年，它还是怕冷怕风，无法拿东西。老伴给我织了好几个护腕、手套，戴着它们才能看书读报。

军代表来后，原以为能转变形势，没想到他们首先把我打倒，没有任何理由把我下放到车间最脏最累的清砂工段劳动改造。我在“文革”中有一个原则，即不离厂、不离岗、不挑头。由于车间主任官太小，他们对我大会点名、小会批判，但言之无物，没有实际内容。于是他们就转变斗争形式，组织一帮人查我的经济问题。但车间不是独立的财务单位，没有现金往来，能有什么经济问题？于是他们就彻查我在车间生产劳保用品发放上的账目。

一天他们把我叫去，我到会场一看，他们早已严阵以待，说话的声音也特别严厉和高昂，叫我放老实点，好好交代问题。但我心里清楚，我是清白的，他们软硬兼施斗了好长时间，看我没有交代问题的意思，便使出了杀手锏，说我多领了一双翻毛皮鞋，展示的领取单上面确有我的签字，这双翻毛皮鞋确实是多领的，我一时也搞不清楚怎么会多领一双翻毛皮鞋。他们一看来了劲了，连军代表也开了腔，意思是态度要老实点，问题还很多，坦白从宽，抗拒从严。

我不清楚为什么会多领了一双翻毛皮鞋，但我清楚自己没有占用这双翻毛皮鞋。他们认为抓到了我的痛处，证据确凿，开始加大火力，穷追猛打。正在他们来劲的时候，我突然想起一次车间发生了事故，铁水外溢，不仅烫伤了一名工人，而且把他的翻毛皮鞋烫坏了。为了保证安全生产，我又为他重新申领了一双翻毛皮鞋，所以从账面上看就多领了一双翻毛皮鞋。

那次铁水外溢的事故造成了工伤，也是多年来未有的事，所以算是一次大事故，全车间的人都知道。我一说出多领一双翻毛皮鞋的原委时，他们顿时哑口无言，当时全场的情景十分尴尬，军代表赶忙收场，又把我批了一顿，扣上许多帽子，叫我放老实些，便草草收场，从此对我不闻不问，再也没有开过我的批斗会，也没再给我扣什么政治帽子。我也算不了什么当权派，也没有任何的错误和问题，但我这个一线的工作人员仍然被下放劳动改造整整三年。

1969 年，我在下放劳动中受了工伤，险些丢了性命。铁铸件之后要把砂子清扫干净，铸件的表面砂子好清理，铸件内部是空的，这就有一个芯子，芯子就是一包砂，为了使芯子结实，防止被铁水冲坏，一般芯子里有一个芯铁，清砂时必须把芯子清除。要清除芯子必须先打断芯铁，芯子是由铁铸造的，打掉芯铁一般要两人同时操作，一人掌握铁钎（约 1.5 米长），另一人手握一个十磅重的大锤。

我在低头对准芯铁的时候，掌锤的就打了下来，他一看是我的头就把铁锤向上一撇，但铁锤还是扫到了我，如果打中我的头，我的头早就开花了。但是这一扫也很厉害，我顿时休克过去，不省人事。

工友赶紧将我抬到了医院，当时医院居然不收外伤病人，说是外伤病人可能是两派武斗造成的，收下了这一派的外伤病人，那一派就会找医院的麻烦，为了减少麻烦就干脆拒收外伤病人。工友无奈，只好把我往家里抬。

在我离开医院时，有一名好心的医生告诉他们说："这人有生命危险，如果出现了呕吐要赶快来抢救。"这样，我就被抬回了我们的家，幸亏我岳母有主见，她站在门口不让进："你们把他弄伤了抬回来，出了问题怎么办？"无奈之下工友又把我抬回了工厂保健站，我在保健站整整待了24小时候才苏醒过来，虽然意识恢复了，但手脚不会动。又过了一天我才回到家里。

回到家里后，我头痛得很厉害，昼夜不能入睡，躺在床上也越躺越烦，有时实在困了，但一躺下又清醒了，这样的折磨持续了八个月时间，我没有睡过一次好觉。

现在想起那段磨难真是不寒而栗。特别是冬天，室内没有取暖设施，我穿着厚厚的大棉袄在屋里徘徊，别人早已进入了梦乡，我只有望着窗外的夜景。直至凌晨两点，就只剩下了路灯，这个城市才算真正安静了下来，而我还在苦恼的徘徊中。夏天会好些，我经常提着棍子上山去转。那时城市还没有这么拥挤，我们地处郊区，在山上我还真的碰上了狼，两只眼睛发出绿幽幽的光，甚是吓人，但我手上有棍子，最终把狼给赶走了。

医生说我是严重的脑震荡后遗症，没有什么好的治疗办法，西医就是开点安眠药，中医就是开点酸枣仁，并嘱咐我要长期静养。静养没有条件，那时我们家住房面积为14平方米，一个老人，两个孩子，老少三代五口家挤在一块，两个孩子一个两岁一个三岁，怎么能静得下来养病呢？我向工厂要求也得不到解决，厂子太小，也确实没有什么条件解决。

实在无奈，我就给七伯、七妈写了封信，提出要求，也是有病乱求医，明明知道他们"文革"期间实行"三不"，怎么可能到他们那去养病呢？果然，按七妈的意见，1971年12月2日，秘书赵炜回信说："我们这里难以解决你休养的地方。"现在看我那时提出到北京养病太不应该，光考虑自己的病情，没有考虑七伯、七妈的情况，其实他们的处境已相当困难，相当凶险。

"文革"初期，在老干部纷纷被斗、被抓时，周恩来在自己门厅里挂着一个包，里面放着简单的洗漱用具，准备一旦被抓，提着小包就走。后来七妈邓颖超也向我们

“文化大革命”前夕的周恩来

说，那时候做了被撵出中南海的准备。

现在我越理清“文革”时的那段历史越是汗颜，当然那时我作为工厂的一名工人，不可能知道这些机密。但我也是很愚蠢的，因为“文革”中从中央到地方到基层的政权都垮了，领导干部都被打倒了。学校停课闹革命，工人停产，红卫兵、造反派横行直撞，市场一派萧条，乱子层出不穷，派仗日益升级。但发生了问题、出了乱子没人处理，上上下下、里里外外、大大小小的问题要等周总理来处理。那时甚至给各部门的文件，没有人来处理，都要送到总理办公室去，以致周总理在“文化大革命”中有了新的头衔——救火队长。周总理疲于奔命，根本没有吃饭和休息的时间。

周总理在长达十年的文化大革命中忍辱负重、苦撑维局，老百姓是知道的，我怎么会不知道呢？当时老百姓相互传递一个信息，社会再乱，只要周总理还在，国家就还有希望。在这种情况下，我怎么就糊里糊涂地提出来要到北京去养病，为老人家再添乱子呢？

我永远铭记的是，七伯、七妈在那样凶险的处境下，还在尽可能地关心我工伤的病情。为此七妈叫她的秘书赵炜来过三封信询问我的病情。信中告诉我："对于病，不能急，尤其是你这种病急不得的，要按着医生的嘱咐办为好。""神经方面的创伤的恢复可能更慢，请你安下心来好好疗养，做比较长远一点的打算。"又为我打听了这方面的药（谷维素），这是当时治疗神经最好的药。我买不到，七妈又先后为我寄来了15瓶谷维素，后来青岛也能买到谷维素时他们才停止邮寄。

第三十四封信

周保章同志：

你给你伯父伯母的来信已收阅，现遵嘱复信。关于你们来京一事，在以前周保昌同志已来过信，曾经答复他，并让他负责转告你们几位，大概他没有及时转告，所以你又来信提此事，只好再复一信，并请你负责与他们几位通信转告，以免再来信提出来京一事。

你们想来京的心情可以理解，但你伯父母都很忙，加之住处困难，没法招待。他们的时间有限，故不同意你们来京。至于你们兄弟姊妹想团聚一次，可选其他地方，如南京、广州、青岛等地，也能达到你们欢聚一堂的目的。

你伯父母不能招待你们，估计你们会谅解的。特复。

专此

敬礼！

赵炜

一九七三年十二月十一日

毛主席语录

我们需要的是热烈而镇定的情绪，紧张而有秩序的工作。

《中国革命战争的战略问题》（一九三六年十二月）

周保章同志：

你给你伯父、伯母的来信已收阅，现遵嘱复信。关于你们来京一事，已由你家周保昌同志已来过信，曾经答复他，并让他负责转告你们几位，大概他没有及时转告，所以你们又来信提此事，只好再复一信，并请你负责与他们几位通信转告，以免再来信提出来京一事。

你们想来京的心情可以理解，但你伯父母都很忙，加之，伯父病重，没法招待。他们时间有限，故不同意你们来京。至于你们兄弟姊妹想团聚一次，可选其他地方，如南京、广州、青岛等地，这所去到你们欢聚一定向

12—1—1 16k 50頁 单頁稿紙（南昌市印刷二厂）

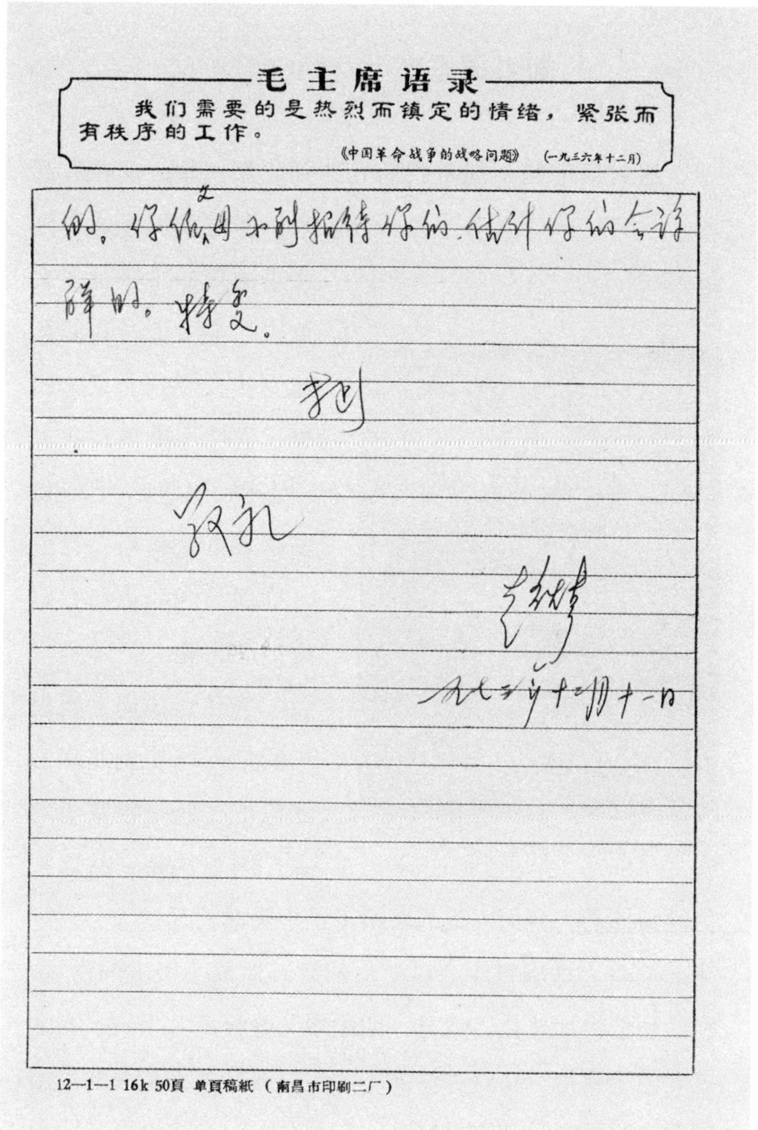
毛主席语录

我们需要的是热烈而镇定的情绪，紧张而有秩序的工作。

《中国革命战争的战略问题》 （一九三六年十二月）

的。你们又因不能招待你们，估计你们会谅解的。特复。

此致

敬礼

一九七三年十二月十一日

12—1—1 16k 50頁 单頁稿紙 （南昌市印刷二厂）

批斗周恩来（1973年12月11日）

这封信七妈不同意我们兄妹到北京团聚，现在看起来，那时我们兄妹要到北京团聚的主张是多么荒唐。至于那时我们兄妹为什么要到北京去团聚，具体原因现在我也记不得了。但从七妈秘书赵炜的来信看，我大哥周保昌和我都向七妈提出过此事。

“文化大革命”中的周恩来

为什么说向七妈提出我们兄妹要到北京去团聚的主张是很荒唐的呢？因为从秘书赵炜来信的日期看，我们去信的时候正是中央政治局扩大会议批斗七伯时。这次批斗会对七伯的身心造成了极大的伤害，癌症病情迅速恶化，而且“四人帮”趁机落井下石，妄图置七伯于死地。在这种情况下，我们兄妹怎么能去北京团聚呢？这不是很荒唐吗？

第三十五封信

周保章同志：

你给七伯七妈的信及转来的张润德同志的信均已收悉。现遵你七妈嘱回你一信。

关于转信事，过去也有此事，但是都给退回，不让你们代为转信的。可能你以前没有碰过退回之事，也没有对你讲过，这样对你们有好处，减少双方的负担，都让他们直接邮寄为好。在不久前，周尔萃的爱人也代转信，就给退回了，其他侄（姪）女等都清楚这点，这是你伯伯、七妈的一贯原则，请你可以理解为盼。现将张的信退回，并向其作解释。

致以

敬礼

赵炜

6.5

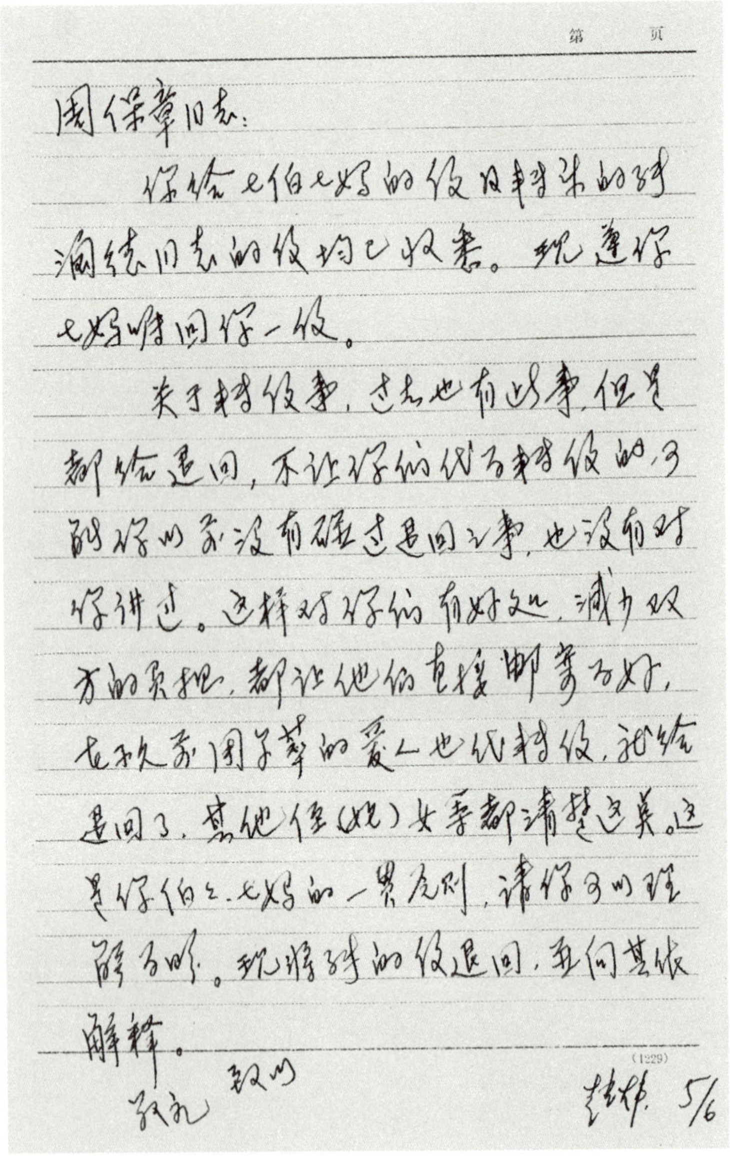
第　　页

周保章同志：

你给七伯七妈的信及转来的时润德同志的信均已收悉。现遵你七妈嘱回你一信。

关于转信事，过去也有此事，但是都给退回，不让你们代为转信的，可能你们家没有碰过退回之事，也没有对你讲过。这样对你们有好处，减少双方的负担，都让他们直接联系为好，七叔家周子华的爱人也代转信，都给退回了，其他侄（姪）女等都清楚这点。这是你伯伯、七妈的一贯原则，请你予以理解为盼。现将转的信退回，并向其作解释。

(1229)

致以
敬礼

赵炜 5/6

一贯原则（1974年6月5日）

部队的一个战友写了一个材料，要向中央反映军队在“文化大革命”中所遇到的问题，请我代为转给周总理。我和这个同志相处几十年，我们不仅从小学到中学是同学，在学校一块参加革命活动，又一同参军，在一个部队，彼此非常了解，而且我觉得他写的材料较为客观，就同意了他的要求，将他的材料转寄给了七伯。但是没有料到，材料不久便被原封退回，七妈的秘书赵炜同志在退回的信中也作了情况说明。

后来我又有机会来到西花厅探视七妈老人家，谈话中涉及转信的事，七妈语重心长地对我说：“你在基层，希望你多写信来反映基层的情况，但是不能替别人转信、转材料，那样的话事情的性质就变了。把亲属关系和政治关系混在一块，不利于党的事业。”明白了这个道理之后，我就再也没有为别人转过信和材料。

第三十六封信

周保章同志：

你七月十九日给你七伯七妈的信已收阅。现遵你七妈嘱，由我回你一信。关于信中提到你同淑梅来京探望之事，你七妈讲，你因公出差来京，如有可能是可来见一面的。淑梅特为探望就大可不必，因为天气热，她身体又不好，加上有孩子，就不用前来了。你们的心意他们是完全可以理解的。特复。

祝你们全家好！

赵炜

一九七四年七月廿二日

通信背景

追悔莫及（1974 年 7 月 22 日）

1974 年 6 月 1 日，周总理住院治疗，对所患癌症进行第一次大手术。他住院的消息很快传出，大家知道后忧

周保章同志：

你七月十九日给你七伯七妈的信已收阅。现遵你七妈嘱，由我回你一信，关于信中提到你们淑梅来京探望之事，你七妈讲：你同志出差来京总有可能是可以见一面的。淑梅特为探望就大可不必，同时天气热，她身体又不好，加上有孩子，就不用前来了，你们的心意他们是完全可以理解的。特复。

祝你们全家好！

赵炜

一九七四年七月廿二日

心如焚，顿时感到心被悬了起来，六神无主。民众一方面担心周总理的身体健康，一方面觉得“文革”的局面再混乱，但只要周总理在就还不要紧，还能稳得住，还有希望，现在周总理住院了，怎么办？我也和大家一样，惴惴不安，坐卧不宁。在这种情况下，我明知七伯、七妈有“三不”的规定，还是发出了一封信，表示慰问，并大胆地提出前去探视。没有料到，七妈的秘书赵炜同志果然给我回了这封信。

我接信后看明白了，七伯病了，暗示我赶快赴京，但是我却不能脱身。1973 年邓小平复出后，大力整治“文革”乱局，采取解放干部、抓生产等一系列措施，我才结束了整整三年的劳动改造，回到了科室工作，领导上对我委以全厂生产总调度重任，负责抓全厂生产。那时乱局未了，生产很难抓，往往是不到月底的最后一天，甚至不到最后一小时完不成当月任务。我心里虽然急，但也不能撒手就

周恩来的灵车经过天安门，马路两侧站满了送别群众

走，完成了当月的任务之后，我于1974年8月6日匆匆赶到北京，立即与中南海西花厅联系。赵炜秘书在电话中说："为什么这个时候才来？不是给你写信了吗？"

事后我知道，七伯周恩来从医院出来，参加"八一"中国人民解放军建军四十七周年大会后回到了西花厅约见家属。这是七伯生前最后一次会见亲属，然后七伯回到了医院，所有要到医院看望周总理的人，都要经过党中央有关领导的批准，控制很严，亲属要到医院探望七伯是不可能的。我8月6日赶来为时已晚，不但没有见到七伯，也没有见到七妈，怏怏而回。就这样，我失去了一次宝贵的

1976年1月14日参加周恩来悼念活动时部分侄子们的合影（前排左二刘军鹰，左三孙桂云，左四周秉德，后排左一周秉钧，左二周保章，左三沈人骅，左四周尔辉，两个小孩系周尔辉之子）

机会，也是最后一次能够见到七伯的机会，这让我追悔莫及。

我再见到七伯时，是 1976 年 1 月 11 日，在遗体告别的仪式上。我趴在灵柩的水晶玻璃上，与灵柩里的七伯遗体仅一尺之遥，当我定眼看时，不禁大吃一惊，他枯槁的面容令人心碎，七伯他一生太累了，太需要休息了。我强忍住泪水，默默地祝愿道："敬爱的七伯，您安息吧，安息吧。"

第三十七、三十八封信

保章同志：

你们全家好！近来工作忙吗？今遵你伯母嘱给你去信。

最近我们从公安部得到从锦州铁路局公安处转来的材料，关于你给大哥、大嫂、三哥、三嫂等人的信及“七妈的讲话”，是这次追查工作中传的，材料及信均是复写的，署名为保平，但从信的内容和信的最后讲淑梅问他们好证明是你写的信。信里的事，有些地方也不确切，如你讲傅连暲的早已离婚的老婆（什么原配，这也是孔孟的思想），在井冈山时照顾七妈，实际是在瑞金，并非在井冈山，不符实际。其他还有不符合的地方，我不一一列举了。

目前，社会上传抄东西较多，这种现象是不好的，会被阶级敌人利用。不知为何，你们兄弟之间的通信也传出。你伯母的讲话内容，没有错误，是教育你们的，我们大家听了也深受教育。你的信和讲话是在锦州铁路局方面传出的，因此，就联想到你大哥周保昌同志传出的，不知是否这样。

你们的伯伯、伯母一贯严格要求你们的（对我们工作人员也同样），这一点在“讲话”中也提到的，你们也同样这样认识的。但今天发现这样事，却是违反要求的，这不知出于什么指导思想要这样做。你伯母讲，因为你们的伯伯原是总理，而你们又有机会参加丧事活动，对你兄妹等介绍一下情况，并无不可，但根据后果来看，倒适得其反，成为社会传抄、传阅的材料。应指出在你们的下意识中，仍有表现吹嘘自己之意，虽非自觉，今后应谨慎，勿再犯这类事情，牢记伯母对你们的讲话中一再提到的力戒吹嘘，更应谨慎为妥。

这封信，请你看完后负责传给你的兄妹一阅，严格要求他们引以为戒，他们是否有谁传出的事，请每人务必来信说明情况为盼，同样也希望你来信告知。

祝 你们全家好！

注：此信经伯母核阅定稿的。

赵炜

一九七六年五月廿四日

保章同志：

你们全家好！近来工作忙吗？今遵你伯母嘱给你去信。

最近我们从公安部得到从锦州铁路局公安处转来的材料，关于你给大哥、大嫂、三哥、三嫂等人的信及"七妈的讲话"。是这次追查工作中传的。材料及信均是複写的，署名为保平，但从信的内容和信的最后讲请转问他们好，证明是你写的信。信里的事，有些地方也不确切，如你讲你建璋的早已离婚的老婆（即原配，这也是孔孟的思想），在井冈山时照顾七妈，实际是在瑞金，並非在井冈山，不符实际。其他还有不符合的地方，我不一一例举了。

目前社会上传抄东西较多，这种现象是不好的，会被阶级敌人利用。不知为何，你们兄弟之间的通信也传出。你伯母的讲话内容，没有错误，是

第　　页

教育你们的，我们大家听了也深受教育。你的信和讲话是在锦州铁路局方面传出的，同时，就连提到你大哥（周保昌）同志传出的，不知是否这样。

你们的伯伯、伯母一贯严格要求你们的（对我们工作人员也同样），这一点在"讲话"中也提到的，你们也同样这样认识的。但今天发现这样事，都是违反要求的，这不知出于什么指导思想而这样做，你伯母讲，因为，你们的伯伯虽是总理，而你又有机会参加丧事活动，对你兄弟姊妹等介绍一下情况，并无不可，但扩散后果严重，追悔莫及，成为社会传抄、传阅的材料，这指出在你们的下意识中，仍有表现炫耀自己之意，要加自觉，今后仍应谨慎，勿再犯这类事情。牢记伯母对你们讲话中一再提到的力戒炫耀，更应谨慎为要。

这封信，请你看完后负责传给你的兄妹

(1326)

一阅，并恰要求他们引以为戒，他们是否有违犯纪律的事，请每人各给你写信说明情况为盼，同样也希望你写信告知。

祝

你们全家好！

注：此信经伯母校阅定稿的。

[illegible]

一九七[illegible]年五月廿四日

保章
淑梅 同志：

你们的来信已收到，没有及时回信希谅。

你们伯母看到检讨信，现嘱我复信给你们。

她说，保章对自己的错误作了检查，以后要以此作为教训，不能再犯。淑梅对保昌的看法，伯母同意，认为你看的对，而且淑梅对一些事有见解，保章今后应征求意见商量办，以免犯错误。

保昌也来信，说明情况，作了检查；保庄也来了信，不知为何保常夫妇一直没有来信，不知他们给你们去信没有。通过这次事情，大家都应吸取教训，谨慎，任何事情都要从政治上着眼，用阶级斗争来对待，这样会少犯错误或不犯错误。虽然你们伯伯不在，但伯母还在。有些人知道你们的社会关系，往往会有影响的。因此，要严格要求自己。

你们伯母的身体不错，精神也很好，我们大家会比你伯伯在世时照顾的更好，请勿念。

祝

全家好！

赵炜

7.6

保章
淑梅 同志：

你们的来信已收到，没有及时回信希谅。你们伯母看到检讨信，现将我复信给你们。她说，保章对自己的错误作了检查，以后要以此作为教训，不再再犯。淑梅，对保昌的看法，伯母同意，认为你看的对，而且淑梅对一些事，有见解，保章今后应征求意见商量，以免犯错误。

保昌也来信，说明情况，作了检查；保庆也来了信，不知为何保常夫妇一直没来信，不知他们给你们去信没有。通过这次事情，大家都应吸取教训，谨慎，任何事情都要从政治上着眼，用阶级斗争来对待，这样会少犯错误或不犯错误。当然，你们伯伯不在，但伯母还在，有些人知道你们的社会关系，往往会有影响的，因此，更严格要求自己。

你们伯母身体不错，精神也很好，她们大家会比你们伯伯在世时照顾的更好，请多去！

祝

全家好！

赵炜

6/7

通信背景

“四人帮”的“追谣”（1976年5月24日、1976年7月6日）

1976年1月8日周总理逝世，当这个噩耗在电波中传出时，老百姓顿觉天都塌下来了。在举国悲恸的日子里，“四人帮”仍然继续诋毁周恩来，他们百般阻挠和竭力压制全国人民自发举行的各种悼念活动。他们也以恶劣的表演、肆意的攻击，试图诋毁周总理的光辉形象，这引起了人民的公愤。在遗体告别仪式上，江青扭捏轻慢的丑态令人作呕，向遗体致哀时竟连帽子都不摘。这个镜头出现时，群众大呼：“江青脱帽！”

“四人帮”的倒行逆施和肆无忌惮篡党夺权的阴谋活动使全国人民终于在沉默中爆发了。1976年清明节前后，广大群众冲破“四人帮”的重重阻挠，自发在天安门广场沉痛悼念敬爱的周总理，愤怒声讨“四人帮”，向“四人帮”公开宣战，这就是著名的“四五运动”。

“四人帮”利用手中的权力，对“四五运动”进行了疯狂镇压，群众运动一时受挫。“四人帮”在得手后紧接着搞了一个以追查总理遗言为目的的全国范围内的谣言追查活动。这场“追谣”活动波及了七妈，原因是我在参加七伯周恩来的治丧活动后感到很受教育，而我的兄妹他们没有参加，我就写了一封很长的信，记下了治丧的全过程，分寄给他们。这封长信被我大哥流传出去，这就成了“追谣”中的一个重点线索，国家公安部居然都亲自出面，向中南海西花厅的七妈邓颖超查询。这样，秘书赵炜就遵七妈嘱于1976年5月24日来了这封很严肃的信。

接信后我立即分头通知了我的兄妹，按要求，每人需向七妈去信说明情况，作出检查，我也立即向七妈写去了检讨信。在赵炜秘书于1976年7月6日的回信中说：“你们伯母看到了检讨信，她说保章对自己的错误作了检查，以后要以此为教训，不能再犯。”

这个事已经过去了三四十年，现在来看，我给兄妹写去我参加七伯治丧活动的记事长信，除个别听说的事没有考证，是不妥外，但总体看没有什么原则问题。赵炜在来信中也传达了七妈的话说：“对你们兄妹等介绍一下情况并无不可。”后来我根据这封信，写了一篇长长的回忆文章，名曰《送伯伯》，曾发表在《传记文学》《丰碑》等杂志上。

想不通的是，我给兄妹的信与当时追查总理遗言所谓的谣言有什么关系？1976年6月，当时正值追查总理谣言的所谓高潮，市公安局进驻了我们厂，厂党委的同志向我透露了这个消息，叫我注意点。我当时除了参加七伯周恩来的治丧活动、给兄妹写过一封长信外，清明节的“四五运动”时期，我正好去北京出差，我对轰轰烈烈的“四五运动”不能无动于衷。那天下午我还到了天安门广场，亲眼见到了广大群众为了悼念周总理和讨伐“四人帮”的宏大场面。在革命烈士纪念碑所在区域，花圈和人群掩盖了一切，歌颂周总理和讨伐“四人帮”的诗到处都是，人们一群群聚在一起，有演说的，有朗诵诗歌的，还有唱革命歌曲的。

晚上“四人帮”就组织清场，把所有的花圈、诗词都收缴了，而到白天，群众又抬着花圈来，“四人帮”越是收缴，花圈就越多越大。其中首钢工人用钢材制作了一个直径 20 米的大花圈最为显眼。长安街从东到西所有的电灯杆上、花丛中都挂着大大小小的诗歌纸片，成了诗词的海洋，目不暇接，我还抄了几首带回来。

人民的总理人民爱，人民的总理爱人民。
总理和人民同甘苦，人民和总理心连心。

欲悲闻鬼叫，我哭豺狼笑，
洒泪祭雄杰，扬眉剑出鞘。

是不是清明节时我去天安门广场参加了“四五运动”被人跟踪了，或者是被人拍了照了？加上我参加了周总理治丧活动的信在社会上流传，是不是因此我成了这次“追谣”的重点？

一天下班回家，我正在做晚饭，厂里来了两个人，说厂党委叫我马上去一趟，我便告诉他们吃了晚饭就去。叫我到厂去的第一拨人走后不久，第二拨人又来了。我正在往锅里下挂面，同样这拨人说厂党委叫我马上去一趟，我仍然告诉他们说，吃了晚饭就去。当我做好了晚饭，全家人正准备就餐时，催我去厂的第三拨人又到了，说："厂党委叫你马上去厂，你怎么还不去？"我当时也火了，把碗一搁："还不让人吃饭吗？"便和他们吵了起来，当时这种架势也确实吓人。

我住的宿舍距工厂最多有20分钟路程，我做晚饭有半个小时就够了，这半个小时怎么就来了三拨人催我去厂？妻子顿时就紧张了，8岁的女儿躲在妈妈的后面。我只能安慰她们让她们宽心。

吃了饭，我把我们家当时最值钱的，就是我的手表摘下来，交给了妻子，我找出了转业时的军大衣穿上。六月天，尽管已经很暖和了，我还是穿上了棉大衣，做好了回不来的准备。那时候抓人很容易，投入监狱也很简单，有多少遇害的人都死得不明不白，虽然后来都平反了，但人早已死掉了。

尽管我做了很坏的准备，但在去工厂的路上，我也想好了对策，静观其变，绝不多说话。当然我心里也较有底，因为这之前，我已经收到秘书赵炜遵七妈嘱给我的来信。

仔细看这封信，尽管来头很大，公安部出面追查什么，但我流传于社会上的信并没有什么原则问题，更没有涉及国家大事。尽管赵炜写来的信很严肃，但这都是思想教育问题。前后考虑后，我心就安了一些。

到了工厂，在一间小屋里，人不太多，也就四五个人。其中有工厂党委的一个人，其他的人都不认识。他们先是问总理遗言这个事，我说不知道，没有听说过。他们说，总理临终对八大军区司令员有个讲话，听到了没有？这在当时流传很广，我说听到了，他们问听谁说的？怎么说的？我说我抓生产，成天在车间里转，是在车间听到的，一群人都在说，我也没往心里去，说什么也记不清了。几个回合下来我也明白了，他们也是应付差事，对我并没有什么特定的目标。加上党委同志的帮腔，也是在替我打圆场。看看没有什么可进行的，他们也打了一顿官腔，叫我回去好好考虑，以后还要找我。这样一场虚惊我就回来了。

虽然是虚惊一场，但不知他们葫芦里头卖的什么药，以后也没有再找我，为什么虎头蛇尾呢？虽然“四人帮”大张旗鼓地追查总理遗言为谣言，但周总理临终前还真有一个遗言，那可不是谣言。

1975 年 12 月底，周总理生命最后的活动，中央文献研究室编写的《周恩来年谱》有着详细的记录，其中写道：“在同叶剑英谈话中嘱咐，要注意斗争方式，无论如何不能把权落到他们（指“四人帮”）手里。”可能“四人帮”那时已成惊弓之鸟，所有的猜疑，搞谣言追查，其矛头还是指向周总理。

果然,叶剑英元帅在1976年10月6日抓捕“四人帮”时起到了关键作用,从而结束了十年之久的万恶的“文革”。

第三十九封信

保章、淑梅同志：

给七妈的来信收悉。关于淑梅同志来京一事，七妈嘱复信给你。她说，你们的心情可以理解，但她的精力有限，今后不主动邀请你们任何人来京探望。如因公出差来京时，她也视情况如何见与否。因此淑梅与孩子不必前来，谢谢你们的关心。

老人家的身体一般地不错，但还是年高体弱的，她有革命的乐观主义精神，所以各方面都还好，请你们大家放心。

祝

你们全家好！

赵炜

7.22

我谢谢你们的问候，我们在这里工作的同志定会把老人家照顾好！

保华、淑梅同志：

　　给七妈的来信收悉。关于淑梅同志来京一事，七妈嘱我复信给你：她说，你们的心情可以理解。但她的精力有限，今后不主动邀请你们和他们人来京探望。如因公出差来京时，她也视情况尽可能见见面，同时，淑梅可转达了，不必要来谈。谢谢你们对她的关心。

　　与人家的往来，一般地不错，但

还是革命、传统的，她有革命的乐观主义精神，所以各方面都还好，请你们大家放心。

祝

你们全家好！

赵炜

22/7

我谢谢你们的问候，

我们在这里工作的同志

定会把老人家照顾好！

通信背景

妻子去京治病（1976年7月22日）

妻子刘淑梅身体一直不好，主要是肝区疼痛，在青岛也住过院，多次求诊也没有解决问题。因此我们想利用学校暑假期间去北京看看病，当然我们给七妈写信时说是探望孀居的老人家。

那时七伯已过世，邓小平被免职，第三次被打倒，毛主席有病，“四人帮”很张狂，斗争依然激烈复杂。在这种情况下七妈当然不同意我们进京，而且七妈把问题看得很远，她说：“今后不主动邀请任何人来京探望。”但是在1976年10月6日，党中央果断抓捕了“四人帮”，结束了“文革”，国家恢复到正常秩序的轨道上来，我妻子最终得以去京治病。

打倒“四人帮”后的第二年，妻子利用学校寒假期间，经七妈同意，带着孩子去京住进了西安门大街127号那个小招待所，这里大多住着为总理办公室服务的解放军官兵家属。经安排，妻子到305医院看病，前后有一个多月时间，连过春节也没有回到青岛。

那时七妈已是国家领导人，担任全国人民代表大会常务委员会副委员长，公务繁忙，无暇照顾亲属的事，都是工作人员按时为妻子送去大米、白面等物。妻子离京时，七妈在百忙中亲自把她和孩子送到了火车站。

第四十封信

周保章同志：

你前些时来信已收到。七妈对你信中提出的看法是同意的，因此，已让秉德等转达有关孩子应当注意这个问题。是存在那些问题的。七妈讲,今后谁再来了解情况，你们都可以回答：一、我们不同伯伯在一起；二、情况不知道,不了解,很难提供。也请你转你们几个兄弟姊妹，使他们也知道为好。因为，也许还会碰到向你们了解情况的，本着实事求是思想办事。

最后请代问你爱人好。她病休养的如何，是否早已回来了。望她保重，早日康复！

敬礼

赵炜

10.15

周保章同志：

你前些时来信已收到，也好对你信中提出的看法是同意的。同时，也让秉德等转达有关孩子应当注意这个问题。是存在那些问题的。也好讲，今后谁再来了解情况，你们都可以回答：一、我们不同伯伯在一起；

二、情况不知道，不了解，很难作证。也请你转你们几个兄弟姊妹，使他们也知道才好，因为也许还会碰到向你们了解情况的，本着实事求是思想办事。

最后请代问你爱人好。她动休养的如何，是否早已回来了。望她保重身体康复！

敬礼

秋婷

15/10

通信背景

文物收集（1976年10月15日）

打倒“四人帮”后，国家回到了正常秩序上，纪念周总理的活动尤盛，各地纷纷兴建周总理的纪念馆，于是开始了有关周总理文物的征集。但原有的规章制度遭到了严重的破坏，新的制度尚未建立，于是出现了一些乱象，我感到担心，于是向七妈反映了三条意见。

第一，关于征集的内容。周恩来同志是我们党的第一代的主要领导人之一，对于征集他的有关材料，应该严肃规范。

第二，关于调查的渠道和派出人员。应该通过组织委托，派出人员也要慎重。

第三，关于文物。涉及周恩来的文物都是较为珍贵的，应该有个指导办法。

七妈收到我的建议信后很重视，不仅及时叫秘书给我写了回信，还作了分工，让我分头通知亲属加以重视。

第四十一封信

周保章同志：

寄来的伍拾元已收到，退回借条一张，请查收。

致以

敬礼！

赵炜

4月18日

通信背景

借钱（1981年4月18日）

1981年3月我出差北京，当时住宿是个大问题，不得已向西花厅求助，七妈的秘书赵炜就安排我到西安门大街127号内部的小招待所住。由于是到化工部帮忙，一住就是40天。临走时招待所说要付费，单间每天2块钱，亲属打六折，每天1块2角钱，40天需要付48块钱。可我身上掏不出48块钱，顿时傻了眼。原因是这个内部小

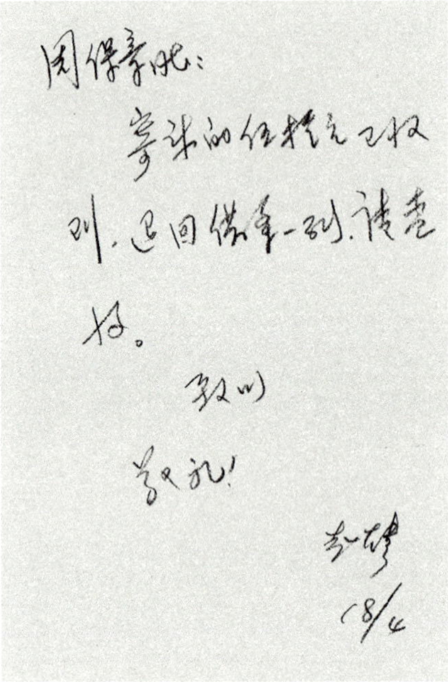

周保章兄：

寄来的任務书已收到，退回借条一张，请查收。

致以

敬礼！

李[illegible]

18/4

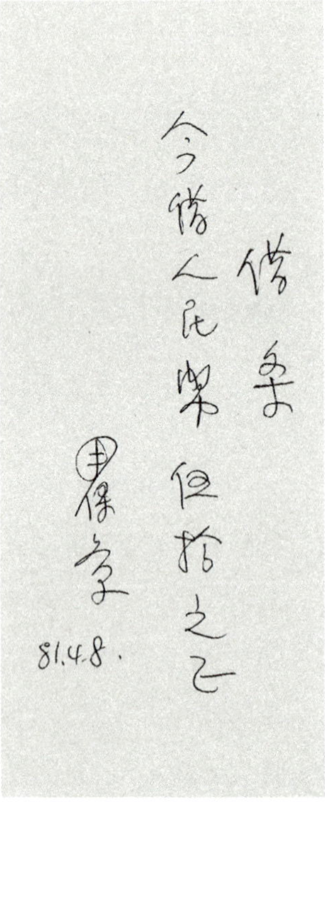

借条

今借人民币伍拾元正

周保章

81.4.8.

招待所过去一直不收费，我住过多次都是如此，但招待所老张说："现在不是改革开放了吗？讲求经济效益，所以收费。你来时你忙我也忙，忘了告诉你了。"

无奈之下，我就跑到西花厅，向七妈求助。七妈听说后叫秘书赵炜给我 60 块钱，说："保章，你不是来出差吗？"我说是，七妈说："出差不是可以报销差旅费吗？"我说对。七妈说："你回去后如果能报销差旅费，这 60 块钱你还得还我，我最近经济有点紧张；如果不能报销，这 60 块钱就不用还了。"我说："能报销，不用 60 块，50 块钱就够了。"我就从赵炜秘书手中拿了 50 块钱，赵炜叫我打一个借条，好顶账。我打借条的时间是 1981 年 4 月 8 日，返青后立即报销了差旅费，将 50 元寄往西花厅。1981 年 4 月 18 日，赵炜在收到了 50 元钱后，立即将借条退还给我，所以就写了这封信。

后来我才知道，因七妈当时已是全国人民代表大会常务委员会副委员长，出席的活动应酬较为频繁，在应酬中的好多开销她都是用自己的工资，而不要国家开支。那时七妈的每月工资是 342.7 元，很容易就出现经济紧张的情况。

第四十二封信

1981年6月8日，寄来两张照片。

1981年4月，七妈邓颖超与侄子周保章在西花厅总理办公室门前合影。

1981 年 4 月，七妈邓颖超与侄子周保章在西花厅总理办公室窗前合影。

与七妈的合影（1981 年 6 月 8 日）

这封信没有信瓤，只有两张照片，是七妈和我的单独合影。

1981 年 4 月，我去看望七妈，七妈早做好了准备，一去就先照相，秘书赵炜也早把相机准备好了。我们在总理办公室门前和总理办公室窗前各照了一张合影。6 月 8 日这封信就是寄来这两张照片。这次七妈主动提出与我合影，我感到既意外又惊喜，由于七伯、七妈对我们的严格要求，我们从不敢提出来与他们合影。记得我们当中的一位曾经向七伯提出合影的要求，七伯严厉地说："合影干什么？是不是好出去吹嘘自己？"结果合影没有合成，却挨了一顿严厉的批评。

七妈这次主动安排与我合影，真是了却了我的宿愿，因为七妈的年龄越来越大，身体又不是太好，所以总想与七妈合影留个纪念。但每次去见七妈，都不敢提出要求来。

这两张合影极其珍贵，成了我和七妈邓颖超永久的纪念。七妈为什么主动提出来要与我合影呢？其实七妈也在考虑她的后事。1978 年 7 月 1 日，她就写下了自己的遗嘱。当时秘书赵炜还劝七妈："您写得那么早干什么？现在还不到时候嘛。"七妈说："等我不能写的时候已经晚了，趁我现在身体好，头脑还清楚，还能动笔的时候写出来好，这是为组织上考虑，我活着的时候有些事你替我背，我死了不能再让你为我背。”

七妈是个很细心的人，尽量为别人考虑，她知道我在外地，不是那么方便，趁我来京，就把这个事给办了。这可能是她考虑后事中要办的诸多事件当中的一件吧。

1982 年 6 月 17 日，七妈又把这封遗嘱拿出来仔细看了以后，认真地重抄了一遍，同时又补充了两点。这份修改后的遗嘱曾于她去世后在报纸上公布，详文如下：

中共中央：

我是 1924 年在天津成立共青团的第一批团员。1925 年 3 月天津党委决定我转党，成为中共正式党员。

人总是要死的，对于我死后的处理，恳切要求党中央批准我以下的要求：

1. 遗体解剖后火化。

2. 骨灰不保留，撒掉。这是在 1956 年决定实行火葬后，我和恩来的约定。

3. 不搞遗体告别。

4. 不开追悼会。

5. 公布我的这些要求，作为我已逝世的消息，因为我认为共产党员，为人民服务是无限的。所做的工作和职务是人民决定的。

以上是1978年7月1日写的，此次重抄再增加以下两点：

1. 我所住的房舍，原同周恩来住的，是全民所有，应交公使用。万勿搞什么故居和纪念馆等。这是我和周恩来同志生前就反对的。

2. 对周恩来同志的亲属、侄儿女辈，要求党组织和有关单位的领导和同志们，勿以因周恩来同志的关系，或以对周恩来同志的感情出发，而不依组织原则和组织纪律予照顾安排。

这是周恩来同志生前一贯执行的，我也坚决支持。此点对端正党风是非常必要的。我无任何亲戚。唯一的一个远房侄子，他很本分，从未以我的关系，提任何要求和照顾。以上两点，请一并予以公布。

邓颖超

1982年6月17日重写

附：周保章回忆——

那些年，那些事，那些人

一、凭吊黄河口

2013 年 3 月 5 日，是周恩来诞辰 115 周年，我借此机会写下这篇文章，以表达对伯伯的深深悼念。

2012 年深秋，我作为青岛市关工委五老宣讲团成员，应山东省滨州市关心下一代工作委员会的邀请，为学生进行了传统教育，讲述开国总理周恩来的故事。三天作了三场报告，有八所学校、约五千名大中小学学生受到教育。《滨州日报》以“周保章带着总理的一份精神来滨州”为题作了详细报道，反响强烈，受到欢迎。

我来滨州做报告做了精心的准备，报告一定要做好，因为滨州人民对周总理有着特殊的感情。我自己也期盼着来到这里，这是因为周总理的第四份，也是最后一份骨灰撒在这里，就在滨州市北镇黄河段入海口。

七伯周恩来走了这么多年，我们侄子辈对他的思念，对他的牵挂总是找不到具体的地点来祭拜，心中老是放不下这种情感。滨州黄河入海口这个地方就一直萦绕在我的脑海中。我在山东，我一定要到滨州来祭奠，来看望，来与伯伯说几句埋藏在心底的话。

我上到趸船，尽量深入到河中央。向东望去，宽广的水域令人平添了几分敬意。黄河作为中华民族的母亲河，自西向东横贯祖国大地，从青海的壶口，它一路咆哮着，翻滚着，奔腾万里注入了大海。由于已到了海平面，加上海水的阻挡，它已平静下来。尽管还有些许的涟漪，但它已显得柔顺异常，伯伯就是从这里走的。我久久伫立着，凝视着水面……

当时将伯伯的骨灰撒到这里，也是对逝者的尊重。生前七伯周恩来说过，他没有去过台湾，台湾还没有回到祖国的怀抱，是他一生的憾事。以至于在他生命的最后时刻，他已极度衰弱，却还是拼尽最后的一点力气，召见了当时中共中央负责台湾工作的罗青长同志，研究祖国 统一大业的方略，试图把最后的爱献出来。但病魔的袭击，使他与罗青长的谈话不到15分钟就又处于昏迷的弥留状态。这不能不说是周恩来的又一个憾事。生前周总理还表示，希望把他的骨灰撒向大海，随着海浪的逐流，他能够漂

周保章凝视着黄河水的逝去

到祖国的宝岛，去看看那里的人民。

37年了，七伯你还好吗？想必你已经去到了你想去的那个地方，见到了同根同宗的炎黄子孙。如今，两岸和平的发展，是半个多世纪以来形势最好的时候。七伯，你是不是心安了一些呢？照此下去，两岸人民相互认知，相互包容，相信长风破浪会有时，那时，伯伯你一定会含笑九泉了。

在黄河口的岸边有一个小村庄，这里只住着46户人家，177口人。当年由于地势低洼泛碱，村头光秃秃的，春天一片霜，常年如白雪一片，因此得名“杨柳雪”。这里是有名的“三多村”，即要饭的多、打长工的多、光棍多。就是这样一个小小的村庄，却和周恩来这个伟大的名字紧密相连。

从1963年开始，杨柳雪在村党支部的带领下经过七年苦战，依靠自己的力量改变了面貌，取得了粮面双高产、双贡献的巨大成绩，引起了周总理的高度关注，被周总理树为棉区的一面红旗。杨柳雪村的村党支部书记杨秉廉三次受到周总理的亲自接见，还被邀请参加国宴，上天安门观礼。

1970年，全国棉花生产会议在北京召开，周总理在国务院小会议室接见山东参加会议的部分代表时说：“钱正英同志，你到滨州杨柳雪去看一看，支持支持他们。”

钱正英部长按总理的指示来到小小的杨柳雪调研，不仅就科学种田大搞畦田化，就如何争取实现农业机械化提出具体建议，还为杨柳雪送来了东方红拖拉机。这是当时全县农村的第一台拖拉机。杨柳雪在周总理的亲自关怀下，在科技和物质上得到了国家的大力支持，他们的农业迅速发展提高。杨柳雪的皮棉由亩产50斤左右提高到166斤，粮食亩产量由300多斤提高到1400斤。周总理还指示省市领导和媒体："不要嫌这个队小就轻视了，它是棉区的一面红旗嘛。"这样杨柳雪迅速走红，闻名遐迩，也促进了农业的互相交流和发展。

1976年1月8日，周总理与世长辞，骨灰撒在杨柳雪以南的黄河中。噩耗传来，村民人人泪流满面，家家搭起了灵堂，在总理遗像前献上白花。杨柳雪人每逢周总理的忌日或诞生纪念日，都要自发用不同形式举行悼念活动，他们曾举着周恩来的遗像，背着棉花包，跪拜在周恩来骨灰撒放的黄河口的滩区，然后再将膝下的黄土用双手抠出来，拿回家，撒在祖辈耕种的棉田里，让周总理与杨柳雪人永远在一起。

2012年深秋，我特地来到滨州的黄河入海口悼念逝去的伯父。在杨柳雪我惊奇地发现，村头居然还矗立着一座"怀周祠"，现任杨柳雪村党支部书记杨秉廉向我说："周总理是杨柳雪的恩人，也是杨柳雪发展变化不断进取的引路人。为了寄托对敬爱的周总理的深切怀恋，并教育后人，1995 年村民自发捐款，筹建‘怀周祠’，并于 2001 年 6 月 30 日，在建党八十周年前夕建成，还隆重举行了落成仪式。”

“怀周祠”一期工程投资 60 万元，占地 3.5 亩，建筑面积 320 平方米，为传统的民族四合院建筑。正厅安放着周总理的汉白玉雕像，左侧陈列着周总理一生的光辉事迹照片，右侧陈列着周总理树立棉区红旗的记事图片，以及中央和各级领导到杨柳雪参观指导的照片。

东大厅展览着杨柳雪的奋斗历程，西大厅悬挂着领导同志和著名书画家纪念周总理的书画作品。院中心矗立着两米多高的心形奇石，象征着人民和总理心连心。

来到正厅，看到七伯栩栩如生的汉白玉雕像，我和老伴赶紧整理了一下衣服，恭恭敬敬向七伯鞠了三个躬。我默默地悼念：“七伯，侄儿保章携媳妇刘淑梅看您来了，您还好吗？您可要多保重啊！”

二、岱庙追思

2010 年 8 月 25 日至 28 日，青岛市老龄委组织七彩华龄齐鲁大地游活动，直到返回时要在泰安市上专列火车，我才知道还有游岱庙的活动。我一听说要游岱庙就来了精神。因为我知道岱庙中有七妈一块石碑，我要去看看七妈……

2007 年 5 月 17 日，我应泰安市关心下一代工作委员会之邀，为泰安市的两所中学作传统教育报告。利用中午休息时间当地同志陪我参观岱庙。在岱庙的汉柏院我的眼中突然闯进了非常熟悉的字体。我定睛一看，果然是一块石碑上刻着七妈游泰山的题词，当时人较多我也没有准备，只是给石碑鞠了一个躬，轻声念叨“七妈您好”后就随众人走了。但我却记住了岱庙中七妈题写的石碑。

这次来是旧地重游，轻车熟路，我一进入岱庙的大门口就离开了团队，径直朝汉柏院而去。汉柏院在岱庙二进殿东侧，是一处极为雅致的院落。院内有五株苍劲挺拔的古柏，据记载为汉武帝登封泰山时所植，院落也因此而得名。

汉柏院可称作是岱庙的小碑林，前面的碑墙和经幢引领人们进入泰山文化的历史长卷。几块碑碣和几座经幢以及东墙上镶嵌的53块碑，分别出自从东汉到近代的一些名人之手。由于年久遭损，很多碑刻已经残缺不全。著名的有汉张衡的《四愁诗》、魏曹植的《飞龙篇》、米芾的《第一山》、乾隆皇帝的《登岱诗》、邓颖超题的“登泰山看祖国山河之壮丽”碑、朱德诗碑、陈毅诗碑等。汉柏院不仅汇集大量历史名人志士的碑刻和古树名木，成为文物较为集中的地方，同时还环境清幽，有古柏、绿草、池苑，也是赏心悦目的好去处。

雨后的汉柏院充盈着松柏芳草的清香，偌大的庭院居然没有游人，更显得静谧宜人，我直奔七妈题词的石碑，又是三年过去了，石碑还是那样屹立着。我赶紧脱下帽子，对着石碑恭恭敬敬鞠了三个躬。我凝望着石碑轻声说道：“七妈，您还好吗？侄儿保章来看您来了。”因为没有人打搅，这为我提供了一个凭吊的绝佳环境，我不由自主地喃喃道：“七妈，您去了十八年了，七伯走的时间还要长，有三十四年了！您和七伯魂归中华，骨灰撒向祖国山河大地，侄儿对你们的思念，却找不到方式向你们表达呀！”

我围绕石碑缓缓转了两圈，抚摸着石碑和它上面的每一个字。哎呀！上面有灰呀，我赶紧掏出小手绢来擦拭，但手绢太小，石碑太大，擦拭无济于事。我突然想到应该将石碑清洗一次，使它更亮丽、更庄严，并为它献上一束鲜花，这才叫祭奠呀！可我这次没有做到，真不应该，我

邓颖超泰山碑词

低声说到："七妈，对不起，下次侄儿一定还要来，这些事都要做好！"

这时，隐隐传来了人群的嘈杂声，我们的团队很快会来到这里，我看了一下手表，我一个人在这庭院中整整待了十分钟，这十分钟了却了我的一个心愿。

齐鲁大地有了七妈这块石碑，侄儿的心就感到宽慰了许多。

1984 年 6 月 9 日上午，七妈邓颖超登上了我国五岳之首的泰山，提笔为泰山题词："登泰山看祖国山河之壮丽。"题词被后人放大镶刻在岱顶天街东首，高 150 厘米，宽 130 厘米，大字 40 厘米 ×25 厘米。1985 年该题词又刻在岱庙汉柏院中的石碑上。碑高 205 厘米，宽 50 厘米，厚 27 厘米，石碑离庭院东墙四五米。

当年七妈登泰山，媒体有较详细的报道。由泰山索道而上来到了"未了轩"，人们一下发现了国家领导人，便迅速围拢过来。七妈对游人说："今天我很难得有这样的机会上了泰山——五岳之尊的泰山，在南天门跟你们见了面。我想，这次见面让我们大家非常高兴，它将永远留在我们的记忆里。”七妈还说：“振兴中华，要拿出比泰山还要高十倍的意志和热情，一直攀登，攀登到‘四化’实现。我们这里的许多人可以亲眼见到‘四化’实现的那一天。我们要用自己的双手来创造新的中华，建设社会主义的新中国！”

在泰山七妈还走访了当地居民，分别到了任学太、任学龙两户家庭，嘘寒问暖了解民情。人们热烈欢迎，怀着敬仰的心情称七妈邓颖超为“邓主席”。这是因为在1983年4月召开的第六届全国政协大会上，邓颖超被选为全国政协主席。七妈立即说：“我是来走访的，是来向你们学习的，不要称职务。”围在七妈周围的三里庄人就大声地喊起“邓奶奶”“邓妈妈”“邓大姐”来，邓颖超高兴地亲切回应着，随之人们发出了一片欢笑声！

其实，七妈最喜欢人们称她“大姐”。在北京中南海，上上下下、老老少少的人都称她为“大姐”。我曾经在中南海陪着七妈散步，遇到换岗的警卫小战士，走到跟前，小战士一个立正敬礼，随后大声叫道：“大姐好！”七妈笑容可掬地回应道：“好，好，大家都好！”“大姐”的称号显得更加亲切、平等、和谐。

七妈邓颖超游泰山的题词，为泰山增添了一处永不磨灭的风景！

三、七伯与我们家

周家是个大家庭，在“恩”家辈分里，周恩来排第七，我父亲排第十三。所以，我们称周恩来为七伯，按南方人习俗，称邓颖超为七妈。

（一）

我爷爷叫周贻谦，更名周济渠，字劼之，生于1871年，是周恩来的三伯父。我爷爷幼时学习刻苦，故精通史书，写得一手漂亮的行书，是一个很有学问的人。年轻时，爷爷在淮安教过书，当过师爷，以后总被人称“老夫子”。他后来纳官衔为“国子监典簿衔”。

爷爷的大舅哥钱能训是清光绪年间进士，当年正在京城做事，曾任监察御史、湖北乡试主考、广西学政等职。大约在1904年前后，钱能训曾回过一次淮安，他利用到南方出差的机会，顺便回家送妹妹钱馥兰出嫁的。就在这段时间内，钱能训常去驸马巷周家串门做客，他曾经见过6岁的周恩来，并且还给他辅导过书法。清末年间，钱能训曾两次出任内阁总理，但都是“短命内阁”。

1963年，我妹妹周保庄和妹夫张中平到西花厅探视七伯周恩来、七妈邓颖超时，晚饭后在后院散步，七伯对我妹妹说：“这所房子曾是你舅老爷（钱能训）住过的，他是前清的总理，我们家出了两个总理，这就包括了钱能训。”

我爷爷周济渠有幸娶到了钱能训的妹妹钱二小姐（钱馥兰）做我奶奶。钱能训凭着他的权势，安排我爷爷到铁岭，出任铁岭税监局主任并监管矿务，薪俸优厚。这在当时周家大家族中算是混得最好的一支。

1909年秋天，我爷爷周济渠从奉天去湖北赈灾。办完公务，我爷爷回了一趟老家淮安。此时，在淮安的周家人日子都不好过，七伯周恩来家尤甚。周恩来的父亲周贻能，又名周劭纲，为了生计，漂泊在外，收入菲薄，自身难保，无法顾家。周恩来的母亲万冬儿（十二姑）早逝，她只活了30岁。

周恩来从9岁起不得不早当家，艰难地拉扯着两个年幼的弟弟，度日如年。见此情景，我爷爷不免心酸。同时，我爷爷见侄儿周恩来很聪明，留在家里可惜了，于是，他和族人商量，将年幼的三兄弟分养，周恩来被我爷爷带往东北。在东北的还有周恩来的四伯父周贻赓。

在铁岭，周济渠为周劭纲父子做了安排。他首先将周劭纲介绍到县衙做红笔师爷，又为他们父子找了一个安身之处——彭家大院。主人彭广心的儿子彭左青在铁岭商会工作，和我爷爷是同事。彭左青答应，周劭纲每天晚上给彭家的孩子辅导古文和书法，他们父子便可免费住在彭家大院的西门房。

1910年，周恩来到东北后，先在银冈书院（今辽宁省铁岭县银州镇第八小学）读书，后又转往奉天（沈阳）第六两等学堂（后改名东关模范学校）读书。后来我爷爷随钱能训迁往天津，出任京浦铁路局局长秘书，七伯周恩来随之来天津，在天津南开学校读书。1917年七伯在南开毕业，由我爷爷和几个老兄弟赞助到日本留学。自日本归来后，七伯就参加了1919年“五四”爱国主义运动，开始了他的革命生涯。

（二）

我父亲周恩彦，乳名大英，字蔚人，出生于1905年，是我爷爷的独子，也是周恩来的堂弟。父亲一生在铁路上当会计，虽然他没有参加革命，但是，1913年在天津时，与他七哥周恩来接触较多。

1919年4月底，周恩来从日本回到天津，投身“五四”爱国主义运动，他的爱国热忱，积极进取、无私无畏的精神，对我父亲周恩彦影响很大。父亲同情革命，曾多次向我们兄妹讲述七伯的革命传奇，使年幼的我们在朦胧的思想中有了闪光点。

记忆最深的是父亲讲的七伯化装脱险的两个故事。

1928年，七伯周恩来由上海到天津，给我爷爷周济渠拜寿。这只是个表面文章，其实七伯另有重任。当时，他是代表党中央为解决顺直省委问题（顺直即指北平，今叫北京，曾叫过顺天府）而秘密来津的。

他化装成商人，坐车而来，不料风声走漏。这时，敌人将火车站团团围住。好在敌人的情报并不确凿，只知有“共产党要人”，并无详细资料。反动军警严令被困人员，都必须有当地亲友做保认领，才能放行。机智的周恩来托已被亲友认领出去的人捎信给我爷爷。我爷爷周济渠得知后，大惊失色，因为那时他已知侄儿周恩来参加革命，加入共产党。当时共产党被诬陷为“乱党”,那年头,抓着“乱党”分子是要杀头的。但是，我爷爷救侄子心切，立即穿上长袍马褂，叫了一辆车奔向火车站。接到消息后，我爷爷就盘算如何去认领自己的侄儿。多年未见的侄儿，此时也不知长成什么样子。在认领的节骨眼上，是不能含糊迟疑的，任何一点疏忽，都会引起反动军警的怀疑而出危险。直接说“接周恩来”更是不行，这等于把他送入虎口。思忖再三，我爷爷想到了周恩来的小名“周大鸾”。当时，反动军警用口令传递方式，一个一个喊亲属要接的人的名字。我爷爷很沉稳地对反动军警说“接周大鸾”，果然，机灵的周恩来，老远就看到我爷爷周济渠，心领神会，大声亲热地喊：“三伯，三伯，爸爸叫我给你拜寿来了。”叔侄亲密无间，配合默契，加上我爷爷有一定的社会地位，就使周恩来从容摆脱了敌人的包围。

敌人没有抓到“共党要人”十分不甘。同时，他们对“周大鸾”的怀疑并未排除，于是就派人进行跟踪、监视。

七伯周恩来住进了周公馆后，反动军警就日夜监视，守在门外，周恩来仍不得脱身。怎么办呢？七伯周恩来发现敌人对女眷出入监视不严，于是计上心来：化装成女眷不是可以骗过敌人吗？马上动手化装。因为在南开学校读书时，七伯演话剧就扮过女角，对于化装还是轻车熟路的。果然，在反动军警的眼皮底下，周恩来顺顺当当地走了出去，彻底脱险。

还有一次在上海，一次地下会议被暴露，国民党特务包围了会议地址，指名要抓“周恩来”。撤退、转移已来不及，周恩来陷于重围。但是，他却异常冷静，抓紧时间化装成工人，迎着上楼的特务下来。端着枪冲上来的特务们见一工人下来，就吼道：“周恩来在哪里？”七伯向后一指说：“在楼上。”为了抢功，特务们一窝蜂冲上楼去，七伯却乘机逃脱。

在周恩来影响下，我父亲同情革命，支持他七哥的行动。特别是1938年我家住在武汉期间，适逢国共两党第二次合作。周恩来作为中共首席谈判代表暨中共长江局负责人，在武汉三镇开展抗日统一战线工作，与我父亲来往频繁。

为了革命斗争的需要，七伯周恩来利用我父亲的有利身份，将中共驻汉口八路军办事处的一架秘密电台，隐藏在我家楼上。为了掩护这架电台，我父亲做了不少工作，也冒着极大风险。因为一旦泄露，被国民党查出来，轻者抓起来坐牢，重者难逃杀身之祸。

我哥哥周保常曾回忆说，当时，父亲挨个拍着我们兄妹的脑袋，交代不准到楼上去玩耍。这架秘密电台的台长，就是童小鹏同志。20世纪60年代，他曾出任国务院总理办公室主任。这架秘密电台一直正常安全地工作，直至撤退。新中国成立后，七伯周恩来、七妈邓颖超多次对我们兄妹说："在这点上，你父亲对革命是做过有益的工作的。"

四、“三不主义”与“为人民服务”的像章

“文化大革命”开始了夺权运动，风起云涌，各级党委均不复存在，造反组织五花八门，无所不有，我所在的工厂只有四百来名职工，成立的各种组织却有三十多个。这些群众组织不需要任何批准，却有着至高无上的权力，贴出一个布告——当初一般都显示自己的革命权威，所以叫“勒令”；如果不执行其勒令，他们就会采取“革命的行动”——打砸抢。

但各组织又互不统一，各自为政，这样就形成了“打内战”、“打派战”，谁也不服谁，谁也管不了谁，时间持续长达十年，即使派来过两次军代表也没有解决问题，那个乱劲令人心痛。

“文化大革命”的极左思潮猖獗，加上林彪和“四人帮”两个反革命集团矛头直指周总理，欲将其打倒而后快，因此七伯周恩来在“文革”中处于非常困难的地位，好多人因此受到了牵连。七伯、七妈为了保护一些人，就采取了“三不主义”。这个“三不主义”即不接见、不联系、不写材料。赵炜同志在这封信上向我传达了七伯、七妈的“三不”。

1968年，我和我们厂领导到北京参加机械工业部和化学工业部召开的生产会议，住在北京饭店（老楼），因看到当时市场上新推出的尼龙丝袜很新潮，就想买几双。但当时由于物资匮乏，国家实行凭券购物制，要买尼龙丝袜就要凭北京市工业券，为了搞到北京市工业券，厂里同志就叫我想办法。

我因“文化大革命”大乱，亲戚朋友都失去了联系，七伯、七妈处又不能去，无奈之下，我给中南海西花厅写了封信，说要两张券，请寄到北京饭店。没想到会务组通知我，两张工业券放在中南海的西北门，叫我到西北门去拿。我来到中南海西北门值班室取券时，值班的同志告诉我稍等一会，有人要见我。

来见我的是西花厅工作人员霍爱梅，她说：“大姐叫我出来看看你现在什么样，好回去跟大姐说说。大姐多年没有见到你，也是挺惦念的。”

正说话时，值班室的同志叫霍爱梅接电话，来电话的是七妈，七妈要向我交代两件事，但我不能接电话，因为不能来往，由霍爱梅传达。为了把两件事交代清楚，七妈那边说一句，霍爱梅向我传达一句，我说一句，也是由霍爱梅传过去。这样既遵守了中央规定，又把事情交代清楚了。通过霍爱梅的传达，七妈交代：第一，我不能去同宇伯家，不能和他们家来往和联系；第二，用购物券买尼龙丝袜不要多买，以免造成市场物资供应紧张。

同宇伯叫周同宇，是周恩来的亲弟弟，他们兄弟三人排序是老大周恩来，又名周翔宇；二弟周恩溥，又名周博宇；三弟周恩寿，又名周同宇。周同宇是周恩来的亲弟弟，生于1904年，在恩字辈中较小，排序兄弟第12位，侄子辈大多称其为三叔。但我父亲周恩彦生于1905年，在恩字辈排序第13，比周同宇还小一岁，所以我们称周同宇为同宇伯。

“文革”前，同宇伯退休后也参加些社会活动，有时与社会主义学院的学友王光琦（王光英的弟弟、王光美的哥哥）等人经常相约在一起聚一聚，聊聊天，当时有人戏称这种聚会为“神仙会”。

“文革”中，江青为了整倒周恩来，想方设法找材料，当时也挖到了周同宇身上，硬是无中生有地把周同宇说成是刘少奇“黑线上的人物”，把“神仙会”诬蔑为反革命聚餐会，周同宇成了反革命聚餐会的主要成员，被投入监狱长达七年半。1975年4月，在毛主席亲自过问下获释，1979年中央组织部为周同宇彻底平反，恢复其名誉。

七妈叫我暂时回避与同宇伯家来往，也是出于对我的保护，因为江青“四人帮”为了整倒周总理什么事都干得出来。周恩来、邓颖超唯一的养女孙维世，就死得不明不白。因为她是跟着周总理到苏联去留学，就说她是“苏修”

特务。江青和叶群合谋，将孙维世抓入监狱，而她很快就死掉了，连骨灰都被撒了。所以七妈在“文革”的非常时期，对于一些问题的考虑很远，不叫我到同宇伯家去，实际上就是对我的一个保护。

七妈给我两张北京市购物券，0.1 个购物券可买一双尼龙丝袜，两张可买 20 双，我们两人每人买了 10 双，拿回厂后就被哄抢了，根本分不过来。当时尼龙丝袜很新潮，很受欢迎，因为它结实，穿不坏，是时髦货。其实尼龙丝袜不透气，根本就没有纯棉的袜子好穿，没有纯棉的袜子穿起来舒服。但是那时候收入少，它穿不坏就受欢迎。后来随着生活水平的提高，尼龙丝袜很快就被淘汰了。

霍爱梅同志这次还很郑重地向我转交了一枚七伯、七妈赠给我的“为人民服务”像章，我手捧熠熠闪光的像章，心情非常激动。这是七伯、七妈在“文化大革命”大乱中对我最好的教导，一切行动要以人民的利益为重，而七伯周恩来本身就是这样做的。直到七伯逝世时，遗体的胸前还佩带着一枚“为人民服务”的像章，是他“为人民服务面孔”的写照。

五、送伯伯

七伯去世，是我一生最痛苦的事情。在参加七伯的治丧活动时，每次我都号啕大哭。一周的治丧活动，我几乎哭干了一生的泪水。30多年过去，当时送七伯的情景，就在眼前。七伯啊，我深深怀念着您！

奔丧

好几年了，七伯和七妈的情况不详，令人牵挂。特别是媒体上报道七伯因病住院，更是叫人忧心如焚。“文化大革命”开始不久，七妈来过一封信，告知在“文化大革命”期间，中央规定一条纪律，即在中央工作的领导同志与非工作关系的同志、朋友、亲属等，不得往来联系。因此，七妈说这段时间她不会接见我，也不会给我写信，但是，仍然希望我照常给他们写信，多反映基层情况。

所幸的是，1968年我在北京饭店（旧）开会。一个偶然的机会，七伯在那里接见阿尔巴尼亚驻华大使出来时，在大门口我见到了他，那只是一个照面。从七伯一出现在前厅，我就紧紧盯着他，也不知道七伯是否发现了我。但是，我注意到七伯朝我略一注视即快步走出了大门，一句话都没讲。我也未敢叫他一声，问他一声好。这个照面也不过几秒钟。但我看清了，尽管七伯依然风度翩翩、神采奕奕，但他比过去却瘦多了……没有想到这个照面，竟是我们的诀别！

1974 年 7 月 22 日，突然接到七妈秘书赵炜同志的来信，信中说："你七妈讲，你因公出差来京，如有可能是可来见一面的。"这明明暗示我赴京，我也明白要赶快去京。但当时我刚被"解放"不久，被委以"生产总调度"之职，为了"抓革命、促生产"，不能脱身。把当月生产任务完成后，我于 1974 年 8 月 6 日急急赶往北京。一下车，即与中南海西花厅联系，赵秘书在电话中说："为什么这时候才来？不是给你写信了吗？"8 月 6 日赶到北京为时已晚，我不但没有见到七伯，也未能见到七妈，怏怏而回。

事后我才知道，七伯从医院出来参加"八一"建军 47 周年纪念大会后，回到西花厅约见了亲属。这是七伯生前最后一次会见亲属，然后便回到医院。之后所有要到医院见七伯的人，都要经过党中央有关负责人批准，亲属想去医院探视七伯是不可能的。我失去了一次宝贵的机会，也是最后一次能够见到七伯的机会，真是追悔莫及！

1976 年 1 月 9 日早上 6 时 30 分，收音机里传来了哀乐，此时我们家刚刚准备吃早餐。听到哀乐响起，我的心就扑通扑通乱跳，接着就听到了七伯去世的噩耗。一听到这个消息，我的心重重地往下一沉，脑子一片空白，整个人呆若木鸡，泪如泉涌，妻子也是如此。两人的异常表现，把我们 7 岁的女儿吓哭了，直问："爸爸妈妈怎么了？"女儿的哭泣声使我蓦然惊醒，我回过神来，赶快安抚我女儿说："没事，好孩子。快吃饭，好去上学。"我又对妻子说："我得马上到单位去请假，赶往北京。"

1976 年的冬天特别寒冷。"文化大革命"已经十年了，无休止的"革命"，无休止的"批判"，人们早已厌烦了。"仗"也打够了，工厂生产无人问津。江青一伙更是对一抓生产就扣帽子，"以生产压革命"，还搞"反击右倾翻案风"。但大多数人对此没有兴趣，工厂毫无生气，社会一派萧条！

去京的列车上也没有多少人，偌大的车厢里，也就坐着二三十人。我自己就占了一排座，孤孤单单，缩成一团。悲伤的情绪，使我越发觉得寒冷，从身上一直凉到心底！

一封电报

七伯是 1976 年 1 月 8 日上午 9 时 57 分病逝的。

西花厅的一封加急电报，是当日下午 16 时发的。

1月10日清晨，我匆匆赶到北京。上午约8时30分，我奔向中南海，看到西北门站着穿大衣的哨兵，一切没有异样。我赶紧与西花厅通电话，七妈秘书赵炜同志接的电话。她劈头就问："你怎么来了？"

我一愣说："伯伯过世了，我能不来？"

她说："不是给你发了一封电报吗？七妈不让你们来。"

"什么电报？我没收到啊。"

"你哥哥保常(在广州)不但收到了电报，而且还发来了唁电。"

"我确实没有收到电报。"

"那好，既然你已来了就先住下。这件事恐怕你七妈要查的。"

这样，我就被安排到西安门大街127号招待所住下。

原来，在伯伯逝世的当天，七妈就给在外地的亲属每人都发了一封电报："伯母嘱，听到消息后千万不要来京，赵炜。"

电报发的是"加急"，给我的电报是1976年1月8日16时发的，青岛邮局当日18时收，而我在1月8日当晚却没有收到电报。1月9日上午，我请好假，交代完工作，离开工厂时还未见到电报。后来知道给我的电报直到1月9日下午才送来。当工厂看了电报后，就派人赶到火车站找我，并在站台上不断广播，叫我不要去北京。然而，那天我因故到青岛站的前一站沧口火车站上车，所以电报的事我全然不知。

以后，工厂的一位负责同志告诉我，北京果然来调查电报的事。

因为是邮局给延误了，与我无干系。然而，当时在北京，所有外地接到电报又到北京奔丧的亲属，都受到了七妈的严厉批评。

遗体告别

1 月 10 日赵炜同志通知我："明天上午 8 时到中南海西北门集合，一起去向你七伯的遗体告别。"

七伯逝世后，治丧活动安排大家在 1 月 10 日、11 日两天向遗体告别。1 月 10 日这天，是中央首长及机关部门同志向遗体告别。11 日是群众向遗体告别。亲属的告别仪式，安排在群众告别仪式之前进行。

上午 8 时前，我赶到中南海，此时的西北门会客室里已坐满了人，都是些兄弟妯娌。有周秉德、沈人骅夫妇，周秉钧、刘军鹰夫妇，周秉宜、任长安夫妇，周秉华、李玉澍夫妇，周秉和，周秉建，周尔鎏、王章丽夫妇，周尔均、邓在军夫妇，周华章、侯云珍夫妇，周尔辉、孙桂云夫妇，加上我共计 19 人。后来，在北京丰台教书的周国镇也来了，但被拒之门外。因为七妈说："遗体告别时间紧，地方小，亲属不要去得太多，尽量让群众多参加。"所以，七妈规定，向伯伯遗体告别，仅限我们这第二代，第三代就免了。周国镇是我们的侄儿，属于第三代，就没让参加。

8 时整，秘书赵炜出来和大家见面。她说，时间很紧，8 时 15 分必须出发。8 时 30 分赶到，与你们伯伯遗体告别，30 分钟结束。因为群众向总理告别的仪式是 9 时正式开始。

赵炜同志简单说了几句，告诉我们伯伯是死于癌症，大家要化悲痛为力量。随后，我们一行 19 人由赵茂峰同志（周总理生前秘书，赵炜同志爱人）照应，坐上一辆大客车驶离中南海。

七伯患病住院直至病逝，都是在中国人民解放军 305 医院。遗体告别仪式，则移到北京医院进行。路上我问七伯患的是什么癌症？赵炜同志没有说，后秉德告诉我，七伯他老人家患的是膀胱癌。

大客车载着我们驶进北京医院后门，在院内停下。灵堂就设在后门左边一间平房内。大客车一驶进后门，我的心就"咯噔"一下。"怎么让走后门？"再看看这间房子吧，孤零零的，也就几十平方米。这是间什么样的房子？是医院的太平间还是汽车库？搞不清楚。外面下雪，屋内飘雪花。这就是共和国开国总理的灵堂所在地？

1977 年我出差到北京，时逢周总理逝世一周年。怀着悼念之情，我又专程来到北京医院后门。后门是关着的，我从门缝中再次看到曾设为总理灵堂的那间房子，还是那样的灰涩、简陋。我怀着复杂的心情，趴在门缝上久久不愿离去。

大客车一停下，赵茂峰同志就说：“快下，要抓紧时间。”他带领我们匆忙进入灵堂，来到室内的我们更加寒心。七伯的遗体躺在中间，四周围着松柏。他的脚前放着唯一一只很小的花圈，直径比胸围稍大。两条缎带的上款写着“悼念恩来战友”，下款落“小超哀献”（小超即邓颖超，是周恩来对他妻子的爱称）。

这只小花圈，是七妈和西花厅工作人员亲手扎制的。除此以外，屋内没有任何陈设。没有遗像，没有花圈，没有挽幛，没有悼幅。这间房屋昏暗、潮湿，40 平方米竟显得有些空空荡荡。

我们走进门，一见到伯伯的遗体，就开始号啕大哭。伯伯仰面躺着，被疾病折磨得瘦骨嶙峋，颧骨高凸着，眼窝深陷，头上只剩几根稀疏的白发，显得疲惫而苍老……

我的七伯啊！他那健壮而匀称的身体，现在只剩下 60 来斤。而他那浓密的黑发、炯炯的眼神、英俊潇洒的风采早已荡然无存。此情此景，怎不叫人心如刀绞！七伯身着半新不旧的灰色中山装，大半身覆盖着中国共产党的党旗。由于光线暗、距离远，我围绕着七伯的遗体转了好几圈，步子放得慢些，再慢些，尽力要把七伯看得清楚些。可是，我当时泪流满面，早已模糊了视线……

伯伯安静地仰躺在白布床上。虽然一脸倦容，但是面容依然显得自信、自豪，不容侵犯。他逝世前一个月，全身浮肿，还违反医嘱，最后一次乘飞机去长沙，向毛主席汇报工作。他老人家实在太累了，一生超负荷运转。我站在他身边默默说道："敬爱的七伯，您安息吧！安息吧！"半小时很快过去了，工作人员劝我们离去，我站在那儿怎愿离去？就在此时，群众告别队伍一涌而来，哭声一片……我们这才一边哭，一边忍痛与七伯告别。

八宝山火化

向七伯的遗体告别后，我们回到中南海。赵炜秘书告知，今天下午遗体告别仪式结束后，七伯的遗体即送八宝山火化。参加火化仪式的亲属，七妈指定八人参加。即秉德夫妇、秉钧夫妇、尔辉、尔鎏、华章和我。下午 3 点来到中南海西北门时，见到秉建也在。这样，我们亲属一行九人，仍然由赵茂峰秘书照应，乘坐一辆半旧的面包车，再次进入北京医院后院。这时，群众向七伯的遗体告别仪式还没结束。雪花纷纷，如泪倾盆。工作人员怕我们冻着，让我们就在车里等候。

北京医院内，已有不少群众在等候，我们陆续见到了许多中央首长。下午16时，七妈来到这里，这是我们在治丧活动中第一次见到她。她一下车，院内的人都哭了，我们也哭了。但我们在车上无法接近她。我们在车上能看出来，她老人家很坚强，反而健步走向人群，去安抚前来告别的群众。

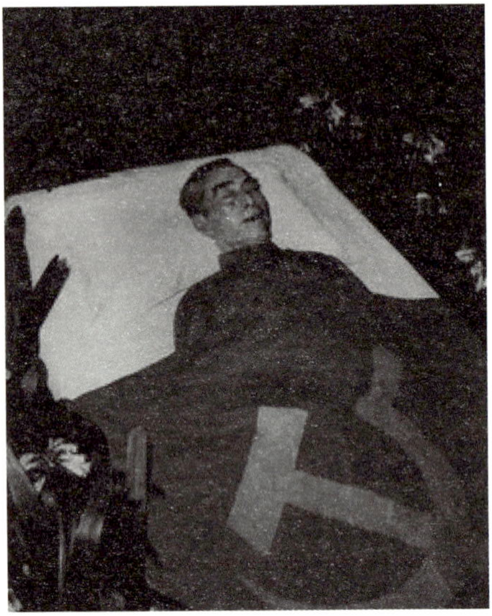

1976年1月8日周恩来与世长辞

群众告别仪式结束后少许，七伯的遗体被安置在一个乳白色灵柩里抬了出来。灵柩的上面是一整块玻璃，能很清楚地见到七伯安卧其中。灵柩抬上灵车，这是一辆从后面开门的专用大轿车。车的前面和两侧都装饰着黑黄两色绸布扎成的挽幛，并佩有大白花。16时45分，车子启动，送葬车队编队出发。

送葬车队的开头是一辆黑色小轿车，作为前导车。第二辆就是灵车。第三辆是一位中共中央副主席的车，第四辆是中共中央政治局委员、中共中央办公厅主任汪东兴的车。第五辆原是七妈的车，但七妈的车未动，却叫另一辆车开上去。七妈的车成了第六辆。我们乘坐的面包车紧接着七妈的车开上去，是第七辆。在面包车的后面，是一长串中央首长们乘坐的红旗牌轿车。

后来知道，七妈让到前面的第五辆轿车，是七伯生前乘坐的，仍由杨叔叔开着，一切依旧。而唯一不同的是，车上没有了它的主人，这是一辆空车。它的重要使命，是要接回七伯的骨灰，最后一次为它的主人——周恩来总理服务。七妈用心良苦啊！车队缓缓向前行驶，七妈的车紧跟在七伯的车后面，我们则紧跟在七妈的车后面前进。

车一驶上长安街，路上满是熙熙攘攘的人群。车队顿时都停了下来，人们很快自觉地排成队伍，汽车便静静地驶过人群……

这是一个特别寒冷的日子，凛冽的北风呼啸着，像刀子一样割着人脸，疯狂地撕扯着人们的上衣……然而，透过摇曳的灯光，我们看到人们一动不动地站在两侧，从长安街一直排到八宝山。灵车所到之处，臂戴黑纱、胸佩白花的人们一起摘掉帽子和围巾，向灵车致哀，仿佛形成了一股绵延不断的浪潮。人们哭泣着，呼喊着，向自己的总理告别。我们见此情景，也都潸然泪下，深深沉浸在悲哀中。突然，秉德喊道：“七妈在招呼我们！”大家这才惊醒过来，一齐探身向前看去。果然，七妈在她的小车后窗直向我们摆手，握握拳又招招手。她老人家显然知道我们的情况，摆摆手，叫我们不要哭泣；握握拳叫我们化悲痛为力量；招招手，叫我们跟上，学习七伯的崇高革命精神，跟上时代的步伐！我们看得清清楚楚，心底明白。大家都噙着泪水，使劲地朝七妈乘坐的小车后窗频频点头。

18时零5分，车队到达八宝山。十余里的长安街，行车80分钟。我们乘坐的面包车一进入八宝山大门，就被民警叫到一边去。在中央首长的红旗车队里，夹杂着这辆旧面包车，他们搞不清楚是怎么回事，当然不敢随便放行。幸好，七妈及时发现，她估计到了这种情况，派工作人员把我们领了回来。七妈见我们来到后叫我们快下车单排排在她身后。在台阶下，我们这一排在左侧，以七妈为首共10人。另一排在右侧，是以一位副主席为首的中央首长们。他们的队伍很长。在我的右手边站着外交部长乔冠华。两排肃然并进，沉重地迈上台阶。

走进一个小厅，伯伯的灵柩已被安置在小厅的中间。这间小厅同样没有任何陈设和布置，这是火化前向伯伯遗体最后的告别。默哀后，七妈单独走向灵柩，她一下伏在玻璃板上，端详了好一阵子。人们没有动，都在默默地注视着她……小厅里安静极了，一根针掉在地上的声音恐怕都能听得到。只听七妈用低沉而缓缓的声音，凄凄地说道：

“恩来同志永别了……”突然，她提高了声调，大声喊道：“我再也看不到你了，让我再看你一眼……让我痛痛快快地大哭一场！”说完，七妈就开始号啕大哭……她老人家撕心裂肺的哭泣，强烈地震撼着人们的心灵，聚集在小厅内外的一两百人也随七妈一起痛哭起来。

赵炜同志在七妈身边照料，劝七妈节哀，并搀着她向前走。七妈一动，人群也动起来了。大家向前争挤，扑向灵柩。本来亲属的位置就靠前，很快我们就靠近了灵柩，但工作人员要保护中央首长安全，对我们这些生面孔自然有所戒备。在人群一乱的时候，我们亲属几乎都被拽到了后面。尽管七妈异常悲痛，但她却很是清醒，她不见了我们，就估计到了我们的处境。于是，老人家边哭边走，回过头来叫着，“让孩子们来，让孩子们来……”并频频招手，人群被她的举止怔住了，这样我们亲属才得以重新挤回到前面。由于后面的人还是向前挤，我们被迫紧贴着灵柩。身体趴在玻璃板上，环绕灵柩一周，向伯伯遗体做最后的告别。

我趴在玻璃板上，与安卧灵柩中七伯的遗体仅一尺距离。这回看得真切，发现七伯的嘴没有闭拢。听说是在整容时，向嘴里填了东西，使他老人家过于塌陷的面颊能够饱满些。但这仍掩盖不住他那异常消瘦的面庞，令人心疼。为了能够多停留点时间，我不但没有向前移动，反而向后靠，但后面的人，为了急于见到七伯遗容就拼命向前挤。我再使劲向后靠也无济于事，我被一步步推着向前。眼看着就要被挤离灵柩了，我意识到再也见不到七伯了，就越发哭得厉害……

我被挤出时，看见在我之前被挤出的周秉钧，在那里蹦得老高，嘴里不停地嘀咕什么，把我吓了一跳。因为当时政治环境很险恶，稍有不慎就会出事，七妈发电报不让我们进京奔丧，是有所考虑的。这时，赵茂峰急急跑过来，使劲抱住秉钧，把他声音压低，急促地说："我们不提意见，我们不提意见。"边说边把他拽了出去。事后，秉钧说给七伯整容不仔细。周恩来一生光明磊落，洁身自好，仪表整齐是人所共知的。但是，却不知为何出现这种情况。

工作人员叫我们快出来，说七妈在等我们。在台阶下，七妈见我们出来，一一同我们握手，边握边说："化悲痛为力量！有毛主席健在，我们幸福。"在治丧活动中，这是七妈第一次和我们说话。赵炜站在她身边，催她上车。这时，七妈很是迟疑。我看到她面部表情很复杂，她嘴里喃喃道："我还得再去看他一眼……"当时，七妈已是古稀之年，体弱多病，赵炜怕她悲痛伤身，一再催她早点离去。但是，七妈难舍难分的心情溢于言表，她不愿走，赵炜也无可奈何。情急之中，赵炜突然冒出一句："没看见人家负责同志不让嘛。"听到这句话，七妈的表情立即改变了，她的面容变得严肃和刚毅起来。尽管，还是那样依依不舍，她老人家却跨进了车门。七妈和七伯是一样的人，是党的人。他们党性极强，“一切行动听指挥”。

七妈走后，中央首长也陆续离去。我们不肯走，要求和伯伯的骨灰一起回去，但是被劝阻了下来。

赵茂峰噙着泪水哽咽道：“不是叔叔心狠，而是没有这个安排。叔叔没有这个权力，你们走吧。”七伯作为总理，他的丧事由中央组成的治丧委员会督办；七伯作为一名共产党员，他的丧事由所在的西花厅党支部来执行。这个道理我们明白，便不再坚持。但我们提到“骨灰……”时，赵茂峰明白我们的意思，马上说：“保证安全，保证安全地送回去。”连说了两遍。

这时，七伯的灵柩被从小厅抬出。走在最前面的是张树迎同志，他是西花厅党支部书记，周恩来生前最后一任卫士长。他手里捧着七妈亲手制作的那个小花圈缓缓而行。灵柩后面，两人一排的队伍，约有二十人。这是西花厅党支部被指定参加火化仪式的人，赵茂峰也在其中。

七伯的灵柩从我身边走过，我使劲踮起脚尖，伸长脖子再看看七伯的遗容。近景、中景、远景……我们目送灵柩远去，直到它进入火化间。我的两眼紧紧盯着火化间的大门，一动不动。灵柩的消失使我突感沮丧、失落；一阵寒风掠过，我打了个冷战，又如梦初醒。“啊？七伯他走了，七伯走了！七伯！您可要走好啊！”

我们回到面包车上，时针指向20时20分。

一路回来，路上车辆稀疏，行车较快。我们惊异地发现两边的人群没有散去，人们仍在苦苦等候，等候运回骨灰的车队。人们要再送送自己的总理啊！

太庙吊唁

治丧委员会安排1月12日、13日、14日三天举行吊唁仪式，地点在天安门旁的劳动人民文化宫。原来赵炜秘书告诉我们，亲属不参加吊唁活动。1月12日利用空暇时间，我和周尔辉去和平里探望家住那里的周同宇伯父（即周恩寿，他是周恩来的胞弟）。

1968年江青一伙为整倒周总理，无中生有，编造周同宇是“走资派”黑线人物，将其拘捕审查。七年的牢狱之灾，使同宇伯吃尽了苦头。后经毛主席过问，同宇伯于1975年5月获释回家，但头上却留着一顶“政治帽子”，由当地“群众”监督管制，失去了公民权利。因此，其胞兄周恩来生病、病危和病逝期间，周同宇都失去了应有的亲属权利，不能探视，不能参加治丧活动。

七年的牢狱之灾，严重损坏了同宇伯的身心。他患有多种疾病，特别是严重的青光眼，几近失明，无法活动。

伯母也是体弱多病，只有老两口相依为命。我和尔辉去到那里，只见屋内杂乱，光线灰暗，由于没有取暖设施而异常寒冷。两位老人穿着厚厚的棉衣，还裹着被子，相互依偎着蜷缩在床上，令人心寒……

屋内正中设有一个小灵堂，其兄周恩来的遗像被披上黑纱，桌上摆有水果点心。同宇伯父只有这样，整天以泪洗面，默默地悼念自己的亲哥哥。他的痛苦是常人难以想象的。见此情景，我和尔辉也都黯然神伤。直至 1979 年同宇伯父才得到平反：中央组织部正式下文，推倒“四人帮”强加在他身上的一切不实之词，并恢复其名誉。

后来七妈说：“应该让孩子们参加他们伯伯治丧活动的全过程。”这样，接到通知的我们又赶紧集合。13 日下午 1 时，我们来到天安门广场在人民英雄纪念碑附近下车，列队的人一排排缓缓走去。

灵堂设在太庙正殿，在入口处的上方悬挂着横幅“中国人民伟大的无产阶级革命家，杰出的共产主义战士周恩来同志永垂不朽”。在殿前的白玉栏杆处摆放着 29 个省、自治区、市和台湾同胞以及上海、广州、南昌、武汉、重庆、西安、延安革委会送的花圈。在殿前的平台上，还放着一百多个国家和外宾送的花圈。

吊唁大厅的中央悬挂着七伯的遗像，遗像下方是他的骨灰盒。这是一个深红色的普普通通的骨灰盒，它用一个淡黄色雕花座托着，骨灰盒上覆盖着中国共产党党旗，七妈邓颖超的小花圈摆放在骨灰盒的正下方，两旁是中国共产党中央委员会和毛主席等领导人送的花圈。下午，我们亲属是吊唁的第一批人。在我们之后，是周恩来总理生前医疗组人员和他生前身边的工作人员。我们默哀的时间很长，恐怕有5分钟。

周恩来总理生前卫士高振普同志对吊唁活动的情况有以下回忆：

> 12日上午9时，为时三天的吊唁活动在劳动人民文化宫开始。但8时，来吊唁的群众就排列在大殿门前了，于是仪式提前开始，分四路并进。后来由于人多，又改为八路并进，每64人排成一方队，向总理遗像三鞠躬，就这样持续了3天，人群没有断过，连原本中午休息的时间也取消了。据不完全统计，3天里来吊唁的人数超过了百万，其中各国驻华使馆官员及来访外宾两千多人。
>
> 元月14日下午18时，吊唁结束，邓大姐走进灵堂，带领同志们向总理三鞠躬，然后，她双手捧着骨灰盒，满怀深情地说：“我捧着恩来的骨灰，向在场工作的所有同志们表示感谢。”

话音刚落，全场又是哭声一片。

追悼大会

七伯的追悼大会于 1 月 15 日下午举行。

七伯是彻底的唯物主义者，对于后事他嘱咐妻子：葬仪要从简，规格不要超过中央任何人。他还主张人死了应该做尸体解剖，曾专门向医务人员交代："现在对癌症的治疗还没有好办法，我一旦死去，你们要彻底解剖检查一下，好研究研究。"

七伯一逝世，七妈即根据七伯的嘱托，向中央打了报告，提出三点要求：一不搞遗体告别仪式，二不开追悼会，三不保留骨灰。但大多数中央领导人都不赞成，李先念同志首先提出，不能从总理这儿开这个头，全国人民不答应。邓小平同志也同意李先念的意见。所以，在周恩来的治丧活动中，还是举行了遗体告别仪式和追悼会。

追悼大会在人民大会堂的北大厅举行，参加人数是 5000 人，我们亲属参加追悼会的是 21 人。我们这一行仍由赵茂峰同志照应，下午来到人民大会堂，先被安排在台湾厅休息等候。14 时 40 分，工作人员叫我们排好队，我们前面是 58 人的七伯医疗组成员，后面是七伯生前身边工作人员二三十人，形成一队人马来到大会会场。

会场入口上方的横幅写着“中国人民伟大的无产阶级革命家，杰出的共产主义战士周恩来永垂不朽”，会场内上方的横幅写着“周恩来同志追悼会”，正中挂着七伯的巨幅遗像，安放着七伯的骨灰盒，上面覆盖着中国共产党党旗。周围摆放着冬青、鲜花，毛主席等党中央领导送的花圈在遗像的两侧，邓颖超的小花圈放在骨灰盒下方，会场四周挂着黑色挽幛，一派庄严肃穆的气氛笼罩着整个会场。

参加追悼会的人分为前后两个方阵，我们这一队人马被安排在前一方阵的最右边。15时整，由中共中央副主席宣布开会。全体与会人员在哀乐声中肃静默哀，中共中央副主席、国务院副总理邓小平同志致悼词。小平同志噙着泪水：“今天，我们怀着极度沉痛的心情，悼念中国共产党的优秀党员，伟大的无产阶级革命家，杰出的共产主义战士，中国人民久经考验的卓越的党和国家领导人周恩来同志。”会场原是一片抽泣声，这时人们就开始大哭起来，小平同志的讲话几次被打断。会场上，时有穿白色工作服的医护人员，将晕倒的同志扶下去急救。小平同志的悼词最后：“中国人民的伟大革命战士周恩来同志和我们永别了。我们要化悲痛为力量，团结起来，为把我国建设成社会主义的现代化强国，为共产主义事业的胜利而奋斗。”

小平同志致完悼词，全体人员向周恩来遗像三鞠躬，七妈邓颖超一个人站在前侧家属的位置上，党和国家领导人逐一向她致以亲切的慰问。

追悼大会结束时，已近16时。

众所周知，在七伯逝世后，以江青为首的“四人帮”百般阻挠并竭力压制全国人民自发举行的各种悼念活动。在治丧中，他们更以恶劣的表演、肆意的攻击，妄图诋毁周总理的光辉形象，从而引起了人们的公愤。在遗体告别仪式上，江青扭捏轻慢的丑态令人作呕，向遗体致哀时，竟连帽子也不摘。当这个镜头出现在屏幕上时，观众大呼：“江青脱帽！”在悼词上，“四人帮”也大做文章，妄图贬低、诋毁对周恩来革命一生的正确评价。原中共中央办公厅秘书局局长周启才同志在他的回忆文章中是这样写的：

1月12日下午3时，由邓小平主持在人民大会堂东大厅召开政治局会议，讨论周总理悼词和追悼大会的有关事项。会议开始，邓小平先声夺人，他说：“总理悼词文稿会前已交给大家，为节省时间会上就不读了，请大家发表意见。”接着又说：“这篇悼词我仔细看过多遍，我认为写得不错的。对总理一生的评价，对总理的革命经历，对以总理为榜样，号召全党、全军、全国人民向总理学习的几段话，都符合总理的实际，我同意这篇悼词，认为可以用。大家有什么修改补充意见，请讲！”短短数语，对悼词给予充分肯定，也等于给多数政治局成员交了底。接着，叶剑英、李先念、汪东兴、纪登奎等都相继发言，表示同意悼词文稿。江青在会上以所谓“路线回顾”对周总理进行恶毒攻击和诬蔑，妄图贬低周总理的伟大形象和丰功伟绩。但她是放空炮，除王洪文、姚文元帮腔外，其他与会人员都对她的“发言”不予理睬。

当讨论悼词的会议即将结束时，邓小平再次发言。他说：“大家讲的差不多了，对悼词文稿大多数同志表示赞成。会上没人提出具体补充意见。我提一点补充意见，加一个字。印象中，1922年总理担任中国共产主义青年团旅欧支部书记，应该是总支书记，加上个‘总’字，符合实际。大家没有新的意见，悼词文稿就讨论到这里。政治局通过。个别文字修改后，报毛主席审批。”并指示我们改后先送邓大姐过目，看邓大姐还有什么意见。

散会后，我和李鑫走到大会堂北门口。张春桥从后面赶上来，对我们说：“悼词号召向总理学习的那部分，不必那样展开写，不必写得那样翔实。你们改一改，压缩一下，笼统写几句虚话就行了。”我们一愣，没有马上回答。他又说：“你们听懂我的话了吗？”我心里十分愤怒，但又不能把愤怒表现出来，只好不软不硬地说：“听清了，我们是做具体工作的，悼词政治局已经讨论通过，我们无权作任何改动。你的意见也没在政治局上提出，现在要我们做这样重大的改动，我们不能够做。如果你认为必要的话，可以将你的修改意见向政治局提出，政治局如果同意，我们就按政治局的意见改。”张春桥听了后，无言以对，气冲冲地走了。事后，我们把此事报告给汪东兴，汪东兴说：“张春桥反对总理，反对悼词中这几句话，不敢在会上提出来，在下面向你们施压，你们把他顶回去，做得对！”

一计不成，又生一计。“四人帮”又极力反对由邓小平致悼词。这样既可以贬低周恩来，又能打击邓小平。一箭双雕。但他们的如意算盘又一次落空。因为政治局大多数人不同意他们的意见，还是由邓小平致悼词。

悼词的全文如下：

今天我们怀着极其沉痛的心情，悼念中国

共产党的优秀党员，伟大的无产阶级革命家，杰出的共产主义战士，中国人民久经考验的卓越的党和国家领导人，周恩来同志。周恩来同志的逝世，对于我党、我军和全国人民，对于社会主义革命和建设事业，对于国际反帝、反殖、反霸的事业和国际共产主义运动的事业，都是巨大的损失。

周恩来同志忠于党，忠于人民，为贯彻执行毛主席的无产阶级革命路线，争取中国人民解放事业和共产主义事业的胜利，英勇奋斗，鞠躬尽瘁，无私地贡献了自己毕生的精力。在毛主席领导下，周恩来同志对于建设和发展马克思主义的中国共产党，对建设和发展战无不胜的人民军队，对夺取新民主主义革命的胜利，创建社会主义新中国，对巩固工人阶级领导的以工农联盟为基础的各族人民的大团结，发展革命统一战线，对争取社会主义革命和建设的胜利，巩固无产阶级专政，都作出了不可磨灭的贡献，建立了不朽的功勋。全党、全军、全国人民衷心地爱戴他，尊敬他。周恩来在国际事务中，坚决贯彻执行毛主席的革命外交路线，坚持无产阶级国际主义。他对加强我党同各国马列主义政党和组织的团结，促进国际共产主义运动发展，对加强我国人民同各国人民特别是第三世界各国人民的团结，在和平共处五项原则的基础上，争取同一切国家建立和发展关系，联合一切可以联合的力量进行反对帝国主义的斗争，同样作出了不可磨灭的卓越贡献，赢得了世界人民的尊敬。周恩来同志的一生，是为共产主义事业光辉战斗的一生，是坚持继续革命的一生。他是我们全党、全军、全国人民学习的榜样。在悼念周恩来的时候，我们要学习他对马克思主义、列宁主义、毛泽东思想的无限忠诚，终生为实现共产主义的伟大理想而奋斗；要学习全心全意为人民服务的崇高品质，勤勤恳恳、任劳任怨，忘我地不知疲倦地为中国人民和世界人民谋利益；要学习他对敌斗争的坚定性，奋不顾身、机智勇敢、坚定沉着，充满着必胜的信心；要学习他坚强的无产阶级党性，光明磊落、顾全大局，遵守党的纪律，严于解剖自己，善于团结广大干部，维护党的团结和统一;要学习他谦虚谨慎、平易近人、以身作则、艰苦奋斗的优良作风和他同疾病作斗争的革命毅力。

中国人民伟大的革命战士周恩来同志和我们永别了。我们要化悲痛为力量，在以毛主席为首的党中央领导下，团结一致，为把我们建设成为社会主义的现代化强国，为共产主义事业的胜利而奋斗。

撒骨灰

七妈邓颖超曾对我们说："你们伯伯当他知道自己的病情不能挽救时，一再叮嘱我，死后不保留骨灰。这是我和你伯伯在十几年前约定的。"后来知道两位老人在这个问题上十分严肃、认真。他们都签了字，相互保证：后走的人要保证先走的人这样做，后走的人要委托党中央这样做。

周恩来不保留骨灰，得到党中央的批准。当时"四人帮"一伙正以各种方式限制悼念活动。各地群众则冲破重重阻力，以各种方式悼念总理，寄托哀思。在这种情况下，有人提出，是否把总理的骨灰在西花厅多放几天，以后再撒？七妈听到后毅然说："不能这样做。把我们的骨灰撒到祖国的大好河山中去，这是一场革命。从土葬到火葬是场革命。从火葬保留骨灰到不保留骨灰，这也是一场革命。因此，按恩来同志的遗愿要尽快将骨灰撒掉。"

又有人提出，是否保留一点骨灰放在八宝山留念？七妈坚持说：“一点也不保留，我和恩来同志早已有约，谁也不保留骨灰。”七妈还对我们说：“你们伯伯生前最担心的是怕我替他办不成这件事，现在办成了。他的心愿我已经了却了。”

七妈还教育我们：“从感情上你们难过，但要用唯物主义的观点去看。要支持伯伯的行动。你伯伯他自己曾讲过，人死后为什么要保留骨灰？把我的骨灰撒到土地里可以做肥料，撒到水里可以喂鱼，这也是为人民服务。活着为人民服务，死后也要为人民服务。物质不灭，生生不已。”

1月15日追悼大会结束后，当晚7时左右，七妈再次来到人民大会堂西大厅，在自己的兄长、同志、战友、丈夫周恩来遗像和骨灰前默哀。她打开了骨灰盒，用颤抖的双手捧起一把骨灰，眼噙热泪，凄凄道：“恩来同志，你的愿望实现了，你安息吧！”这是七妈跟七伯的诀别，那样的情景令在场的人都痛哭起来！

撒骨灰任务由罗青长同志和两位西花厅党支部成员张树迎同志、高振普同志等几人执行。七妈亲自将骨灰护送到飞机场，看着撒骨灰的飞机起飞、远去，直至看不到飞机的影，听不到飞机的声音……

高振普同志对当时撒骨灰的情景做了如下记叙：

晚8时许，我们到达坐落在北京东郊的通县飞机场，一架安-2飞机已经停在那里。我们迈着沉重的步子登上飞机。飞机起飞了，邓大姐挥手向总理做最后的告别。

北京上空笼罩着乌云，我的心情怎么也不能平静。在总理身边工作的岁月一幕幕闪过。驾驶员“准备”的喊声打断了我的沉思。按计划，在北京城上空，我们撒下总理的第一包骨灰。

总理的第二包骨灰撒向密云水库。这时，骨灰可以飘向水面，又可以飞向长城内外。然后，飞机向天津飞去。借着月光，我们把第三包骨灰撒向了海河。

在黄河入海口，我们撒下了总理的最后一包骨灰。于16日零时45分返回机场。经过了四个半小时的飞行，中间没有停留，没有惊动其他人。没有搞什么仪式，我们顺利完成了总理的遗愿和邓大姐的重托。

16日上午9时，我和张树迎去西花厅向邓大姐汇报，她已等在门口。我们快步走向她，她张开双臂把我俩紧紧抱住，不停地说：“谢谢你们，谢谢你们！谢谢你们俩为恩来同志服务，保卫恩来同志到最后。”我们强忍泪水，说不出一

向话，三人紧紧地拥抱在一起。

祖国的儿子，人民的总理，他回到了中华民族赖以生存的山河大地。

七伯走完了自己人生的全部历程。当1月11日他的遗体火化后，人们将他的骨灰安置在人民大会堂的浙江厅。14日当太庙吊唁结束后，人们把他的骨灰送交人民大会堂的江苏厅停放。当15日追悼会结束后，人们又把他的骨灰送到人民大会堂的台湾厅。最后，他的骨灰由台湾厅经西大厅送上飞机撒掉。这反映了逝者生前的意愿和人们的呵护！

这只盛过七伯骨灰的骨灰盒，在16年之后，又盛着邓颖超的骨灰，并于1992年7月18日将七妈的骨灰撒向天津海河入海口处。她同样回到了祖国的山河大地，回到了自己丈夫周恩来的身边。

这只盛过周恩来、邓颖超骨灰的骨灰盒，现存放在天津周恩来邓颖超纪念馆内。

六、七妈台湾厅讲话

1 月 15 日追悼会结束后，七妈在台湾厅等我们，有话要对我们讲。我们来到台湾厅时是 16 时零 2 分。台湾厅中间用椅子围成一圈。有好几排，我们亲属 20 人围坐在第一排，在我们后面还有医疗组的同志和七伯生前身边的工作人员。我们一坐定，七妈就开讲，语调清晰、坚定、有条不紊，表现出一位坚强的唯物主义革命者的气概，令人肃然起敬。我们亲属不约而同地做了准备，七妈一开口，我们就掏出小本子和笔记录。她的讲话大约 25 分钟。讲完后，老人家和亲属逐一握手、话别。走到我面前时，七妈问：“淑梅身体好吧？”接着又说，“代我向保昌、保常、保庄问好。”

七妈每到一位亲属面前都要如此寒暄。当时，她已 72 岁高龄，在承受如此巨大打击的情况下，忍受着极度痛苦，在参与芜杂的治丧活动后居然对我们 20 个亲属及家庭情况如此清楚，真是令人惊叹不已！

七妈的这篇讲话，被收入《邓颖超文集》中，全文如下：

继承遗志，永远向前

（一九七六年一月十五日）

刚才，你们都参加了周恩来同志的追悼会，我在这里同你们见见面，有些话谈一谈。

恩来去世了，你们都很悲痛，我也很悲痛。但是，悲伤和眼泪都不能使死去的人复活了。

毛主席在《为人民服务》这篇文章中，讲得非常好。他说，人总是要死的，但死的意义有不同。一个人，为人民的利益而死，就是死得其所。恩来同志正是这样的人。他是一位人民的勤务员。他一生的追求，一生的奋斗，都是为人民的利益，为了实现共产主义远大理想这样一个崇高目标的。你们在座的，有的是共产党员，有的是共青团员，有的虽然不是党员团员，但都是革命同志，都要响应党中央的号召，化悲痛为力量，继承恩来的遗志，努力做好我们各自的工作，为把我国建设成为社会主义现代化的强国而奋斗。

今天在座的，有为恩来治病的医务人员、护理人员。这些同志，他们政治上是可靠的，医疗技术是我们国家第一流的。他们受到了党

中央的最大信任和委托，对恩来的病作了精心的多方面的治疗和护理，不分昼夜，废寝忘食，尽了最大的职责。他们的革命精神和工作态度是十分感人的。恩来生前曾经多次对他们表示由衷的感谢，在这里，我也要代表大家向这些医生，向参加护理工作的人员，表示深切的感谢。

癌症终于夺去了恩来的生命。我自己是共产党员，我用无产阶级的坚韧性，高度地克制我内心的痛苦，在他病中还要用愉快的精神和恩来一起同疾病作斗争。当他知道自己的病不能挽救时，一再叮嘱我，死后不要保留他的骨灰。这是我和恩来在十几年前共同约定下来的。我们国家在对人死后的葬仪方面，从古代到中华人民共和国成立，都一直是土葬的。五十年代，在党中央和毛主席的倡议下，许多高级干部签名，决定死后实行火葬，这是对我国几千年的旧风俗的重要改革。一九五八年，恩来首先把他死去的父亲，我把自己死去的母亲以及重庆办事处的一些死去的同志的坟墓平掉，进行深埋。恩来还把他在淮安几代亲人的坟墓，也托人平掉，改为深埋，把土地交公使用。在中央做出人死后实行火葬这个决定不久，我们二人共同

商定，相互保证，把我们的骨灰撒到祖国的大好河山去，撒到水里、土里去。从土葬到火葬，从保留骨灰到不保留骨灰，这是思想观念上的重大变化，是移风易俗的重要改革。他自己就曾经讲过：人死后为什么要保留骨灰？把它撒在地里可以做肥料，撒在水里可以喂鱼。他还主张人死了以后应该做尸体解剖。在他病重住院期间，他曾专门交代医务人员：现在对癌症的治疗还没有好办法，我一旦死去，你们要彻底解剖检查一下，好好研究研究，能为国家的医学发展作出一点贡献，我是很高兴的。恩来对于自己个人离开人世没有丝毫挂虑，对祖国的科学发展和未来却充满了热情和期望。从感情上讲，你们很难过。恩来虽然去世了，但他给我们还留下了精神财富，在他弥留之际，想到的是死后还要如何为人民服务。你们要支持恩来的这一行动。他的这一遗愿实现了。他的心愿，我已经了却了。

恩来对他的后事，曾经对我说过，葬仪要从简，规格不要超过中央的任何人。这件事，我已经向党中央做了报告。中央给了他很高的荣誉。他还向我说过，一定不要特殊化。我个人

是坚决执行的。对于丧事，我是严格按照三大纪律八项注意的第一条，一切行动听指挥，没有提出一项个人的要求，一切都由治丧委员会决定。恩来的遗体是在西花厅党支部保护下火化的，并将他的骨灰盒放在吊唁的地方，因为他是西花厅党支部的党员，在具体执行吊唁他的仪式时，有些事情应该放到支部里去做，由支部的同志来承担。我想这是符合他生前愿望的。

恩来生前是党和国家的一位领导人，但他总是按照一个普通的共产党员严格要求自己。他把自己看作是党的人，是一个人民的勤务员。在几十年的革命生涯中，恩来始终如一地遵守着这条共产党人的最重要的准则。他永远保持和群众的最密切联系，从不搞特殊化。他一生为党和人民虽然建立了许多功勋，但他从不居功自傲，而是经常检讨自己。他功劳越大，越是虚怀若谷；地位越高，越是感到肩上的责任重大，兢兢业业，戒慎恐惧。特别是我们党处在执政党的地位以后，他更是时时刻刻注意这个问题，严于律己，把搞好我们的党风放在一个十

分重要的战略地位。作为他的亲属，又有什么理由把自己放在一个特殊的地位呢？我们千万记住，不要以为自己在革命的征途上有什么特殊，不要夸耀，不要吹嘘，一定要谦虚谨慎，要多向革命的老前辈学习。

恩来同志和我们永别了。你们要坚强，不要过分的悲伤。我们要继承他的遗志，为了党和人民的事业，在新的革命路上永远向前进！

追悼大会一结束，赵炜同志传达七妈意见，外地来的亲属要尽快返回，于是我订了 1 月 16 日的车票，17 日就回到了青岛。

七、泪别七妈

七妈祖籍河南省光山县，1904 年 2 月 4 日出生于广西省南宁市，1992 年 7 月 11 日病逝。终年 88 岁。

1919 年，年仅 15 岁的七妈投身革命，从当时“五四”爱国主义运动中天津女子学校演讲队的队长逐渐进步，1923 年组织女权运动同盟会，1925 年 3 月由共青团员转为中国共产党正式党员，曾任中共天津地委妇女部部长。大革命时期，邓颖超同毛泽东、周恩来等出席了中国国民党全国第二次代表大会，并被选为中国国民党候补中央执行委员，同国民党妇女部部长何香凝合作，实现各界妇女大联合，使党的妇女解放运动得到蓬勃发展。1932 年邓颖超赴江西苏区，任中共中央局秘书长、中华苏维埃共和国执行委员，1934 年 10 月带病参加了举世闻名的两万五千里长征。1945 年在党的第七次全国代表表大会上，她当选为候补中央委员。

新中国成立后，她担任全国妇联副主席，长期从事妇女工作，1956 年在党的第八次全国代表大会上当选为中共中央委员。粉碎“四人帮”后，邓颖超当选为十一

届、十二届中共中央政治局委员，出任第四届全国人大常委会副委员长，中共中央纪律检查委员会第二书记。1983年邓颖超出任第六届全国政协主席。1988年因年事已高，退出国家领导岗位。

在七妈诞辰105周年之际，回想她的一生不免思绪万千，写下几段最后的回忆，以示纪念。

孩子的命运

七伯和七妈一生没有留下子女，然而七妈曾两次怀孕。为什么他们没有留下孩子呢？

七伯和七妈于1925年8月结婚，当年10月七妈就发现自己怀孕了。当时，正值大革命时期，七妈认为在革命的关键时刻不能养儿育女，何况自己很年轻，才21岁，此刻应该为革命多做事情，恰巧那时七伯东征去了，于是七妈就自作主张流产了。

七伯回来后知道了情况，对七妈的自作主张颇有微词。七伯说七妈形而上学，为什么将革命和孩子对立起来？孩子有生存的权利。

七妈接受了丈夫的意见。一年后她第二次怀孕了。这次她准备将孩子生下来，然而，此时此刻，正逢1927年蒋介石叛变革命、大肆屠杀共产党人，而在广州的七妈身怀六甲，即将分娩，这怎么办呢？

组织上经过周密安排，七妈被隐藏在一个德国人开的教会医院内。医生护士们很同情年轻人，为了安全，将邓颖超安排在医院的后院，锁在一个仓库里。特务们前来抓捕，一直追到仓库门口准备砸锁时，被医院的院长——一位德国人呵斥退了。

七妈逃过一劫，但她受到了惊吓，加上生理上的一些原因，出现了难产，三天三夜孩子都没生下来。医生护士为了助产，就用产钳去夹，结果用力过大，将孩子的头夹坏了。孩子刚生下来就夭折了。

七妈在身体和精神上受到极大的创伤，却不能休养，不能坐月子，因为组织上通知她立即撤出广州。

七妈拖着疲惫的身体，通过香港到了上海，这使她的身体状况雪上加霜，几近衰竭。组织上将七妈送进医院，经过日本大夫的诊断，她被告知，情况很糟糕。日本大夫向七妈说："难产手术对你的伤害很大，你又没有得到治疗和休养，影响了你的子宫恢复，今后可能不会怀孕了。"

果然，从此以后，七妈再也没有怀过孕，失去了做母亲的权利！

1976 年周恩来病逝后，子侄们常去探视孀居在西花厅的七妈，陪她聊聊天，谈谈家事。一次闲谈中，七妈突然蹦出一句："我的孩子要活着的话，今年应该……"听到这句话，谈话的气氛骤然变得很悲伤，大家望着七妈凝重的表情，谁也不敢出声，都怕干扰了她的情绪，宁愿让她多点时间沉浸在那母爱的情怀中。

珍贵的回忆

1977年，我去西花厅探视老人家。谈话中，七妈问我，你们那里的情况怎么样？我知道老人家想知道山东在打倒了“四人帮”后的情况，就如实作了汇报。在我讲话时，七妈没有任何表情，也不插话，但我感到七妈确实很注意我的发言，表现了一个卓越的国家领导人既注意了解基层民情，又拥有对事物的严谨态度。

临走时，七妈又拿出《周恩来同志为共产主义光辉战斗一生》的生平相片集和7本书送我。《周恩来同志为共产主义光辉战斗一生》这本相集，是上个世纪唯一的一本周恩来相集。尽管现在看来是简装的薄薄小册子，但仍可见周恩来的崇高与伟大！这7本书都是纪念周恩来的专辑，它们是：《敬爱的周总理我们永远怀念你》《敬爱的周恩来永远活在我们心中》《周总理诗十七首》《天安门革命诗文选》《革命诗抄》《燃烧的泪》《雪侮霜欺香愈烈》。这册相集和这7本书，我一直极为小心地收藏着。

那天，天气非常好，四月的北京，阳光灿烂，风和日丽，七妈兴致很高，居然亲自送我出来，从西花厅的后院一直走到前院。看到七妈身体健康，迈着稳健的步子，我也非常高兴、安心。在前院的大门口，我请七妈留步，告别而去，一路上心里乐开了花。

1988 年 2 月，我去北京出差，七妈赠送我一本精装的《邓颖超影集》。这本影集是她自 1916 年 12 岁时求学起，直至成为国家领导人的生活、工作写照，并有时任国家主席李先念的“我们的邓大姐”的题词。另外七妈还送我一大包水果，我从来没有见过那么大的苹果。工作人员说，这是金日成送的，分给我们尝尝。苹果拿回来后，我一直摆着，舍不得吃。

我拿着这么珍贵的礼物却高兴不起来，因为七妈对我说了一句话，我一想到这句话就揪心。七妈对我说：“保章，我人瘦了两圈。”七妈是瘦多了，身体很差，行动也不方便，坐上了轮椅。这些情况不断在脑海里涌现，我被搞得情绪很坏。当时，面对七妈我却无言以对，只是请七妈保重。是呀，七妈已经是 84 岁耄耋之年了啊，繁忙的国务活动影响了她的健康。

1990 年，我去西花厅办事，想见见七妈，她的秘书赵炜说：“你七妈身体很不好，我去看看她能不能见你。”赵炜转回后说：“大姐躺在床上睡着了，不便打扰。”无奈，我在离去时，从窗外“瞄”了一眼，没想到这一“瞄”，竟是我和七妈的永别。

最后的日子

担心的事终于发生了。

1992年7月11日晚上7时许，电视里传出了揪人的哀乐声，我的心就提到了嗓子眼。七妈身体不好，有病一直住院，莫不是……我紧张地注视着屏幕。果然，电视里出现了七妈的照片，播音员以沉痛而缓慢的声音宣告："党和国家卓越领导人、中国妇女运动的先驱邓颖超同志逝世。"

听完了讣告，我立即与北京的周秉德联系，大家的心情都很沉重，话语不多，我告诉她，我次日即去奔丧，她要了我的车次及到站的时间。

我到达北京后，中共中央办公厅的同志来接站，安排我在国务院第二招待所住下。那时各地亲属已纷纷赶来，有广州的、淮安的、扬州的、内蒙的、南京的、北京的。考虑到这是为西花厅的最后一位老人送葬，凡是去的周家人，中央都接待并安排参加治丧活动。

后来，中央还决定由邓光弼的6个子女代表父亲，作为邓氏家族唯一的亲属来到北京，为七妈守灵。

1992年7月12日，《人民日报》刊登了七妈生前写给中共中央的信，信中有这样一句话："我无任何亲戚，唯一的一个远房侄子，他很本分，从未以我的关系提任何要求和照顾。"信中提到的这个远房侄子，就是在吉林省工商银行计划处离休的邓光弼同志。那时，邓光弼72岁，因患病行动不便，已不能说话。

到北京后，我了解到，七妈1991年7月27日因肺炎引起发烧而住院。七妈高烧一直不退，加上年迈体衰，免疫力低下，吃抗生素已不能奏效，就用冰块来降温，直至1992年7月11日6时55分因多个器官功能衰竭而逝世。

七妈生前主张安乐死。1988年1月22日，她写信给中央人民广播电台《午间半小时》栏目说：

> 今天你们勇敢地播出关于安乐死的问题，并希望展开讨论，我非常赞成，首都医院那位大夫的意见，我很拥护。我认为安乐死这个问题是唯物主义的观点。我在几年前，已留下遗嘱，当我的生命要结束时，需要用人工和药物延长生命的时候，千万不要用抢救的办法。这是作为一个听众参与你们讨论的一点意见。

邓颖超

1989 年 10 月 16 日，七妈又写了一个意见转给李鹏总理："一个共产党员在死的时候再作一次革命，当我的生命快要结束时，千万不要用药物抢救的办法，那是浪费人力物力的事，请组织批准给予安乐死。"

在西花厅灵堂守灵（自右至左：周保常、周保章、周晓瑾）

李鹏总理立即将此事汇报江泽民总书记。总书记在邓颖超的意见上作了如下批示："邓大姐这种彻底唯物主义精神和高度的共产主义觉悟，可敬可佩，值得我们学习，此件请常委同志阅后，请办公室妥为保存，邓大姐百年后，坚决按她的意见办。"

然而，安乐死毕竟是件很复杂的事，至今国际上尚无定论，更谈不上立法。所以，七妈安乐死的要求未能实现。

1982 年 6 月 7 日，七妈曾给中共中央写过一封信，要求死后遗体火化，骨灰撒掉，不搞遗体告别仪式，不开追悼会。

七妈停止呼吸后，中央领导同志陆续来到北京医院，在医院现场研究七妈的治丧事宜并当即作出决定：发讣告，公布邓颖超的遗嘱。

在中央领导同志开会时，他们把七妈的秘书赵炜同志找了去，要听听邓大姐身边工作人员的意见。赵炜同志根据七妈生前的交代，向中央领导请示了四个问题：第一，邓大姐生前不同意在家里搞吊唁活动，西花厅要不要设灵堂？第二，邓大姐遗嘱说不搞遗体告别仪式，我们是否要告别，在哪告别？第三，工作人员要不要守灵？第四，很多日本友人都非常敬仰周总理和邓大姐，他们怎么办？

当时，中央考虑到群众的感情，在处理邓颖超的后事中没有完全按遗嘱办，就赵炜请示的四个问题作出决定：在西花厅设灵堂，接受群众吊唁；在八宝山向遗体告别，那里地方大些；工作人员和亲属可以守灵；在我驻日本使馆设灵堂，供日本朋友吊唁，东京的日本朋友由对外友协负责接待。

于是，西花厅前厅设立了灵堂，我们亲属分班次守灵，半小时一轮换，接受群众吊唁。

7 月 17 日，七妈的遗体被送往八宝山革命公墓，进行遗体告别，然后火化。

当日上午 8 时 20 分，中共中央总书记江泽民、国家主席杨尚昆、国务院总理李鹏、全国人大常委会委员长万里等中央领导同志，来到北京医院送别七妈，并举行了简短的告别仪式，后由李鹏同志专程护送灵车到八宝山。

我们亲属乘坐三辆中巴车，随同前往。16 年前，我曾同亲属一起护送七伯的遗体去八宝山革命公墓，今天护送七妈的遗体前往同一个地方，去完成同样的事情，悲伤的心情可想而知。

同七伯去世时的情景一样感人，从北京医院到八宝山沿途站满了为七妈送别的人群。望着车窗外一幕幕动人场景，我在心里默念：七妈一定要走好啊！

9 点 15 分告别仪式开始，八宝山革命公墓告别室里走进来一批又一批向七妈告别的人。

与七妈邓颖超遗体告别（中为周保常，左为周保章）

周保常、周保章手捧七妈邓颖超遗像

我们亲属先进行了告别，接着分班守灵。我和从广州赶来的哥哥周保常、侄女周晓瑾分在一班。

七妈躺在鲜花丛中，身上覆盖着党旗，身穿一套黑色西装。据七妈的秘书赵炜同志讲，这身衣服是七妈生前选好的，是20世纪60年代做的一套旧衣服。16年前七妈就是穿着这套衣服给七伯送行的，七伯走后，七妈就不再穿这套衣服了。她对赵炜说:“赵炜，这套衣服你帮我收好，我走时你给我穿上，我喜欢。”赵炜当时不同意：“为什么穿这套破衣服？都打补丁了，人家会说我的，到时我会选一件你喜欢的衣服。”可七妈坚持死后一定要穿这套衣服，说，一是自己特别喜欢；二是人死后里三层外三层穿新衣，那是给活人看的，烧了是无谓的浪费。

下午4时30分，告别仪式结束，七妈的遗体被送去火化。两小时后，赵炜和高振普用盛过七伯骨灰的骨灰盒，来收七妈的骨灰。当晚，七妈的骨灰回到了西花厅。

当年撒掉七伯骨灰后，七妈对赵炜和高振普说：“你们把这个骨灰盒保存好，等我到那一天的时候，还用这个骨灰盒装我的骨灰。”当时他俩都觉得惊讶，七妈说：“我和恩来共用一个骨灰盒没什么，人死了，骨灰撒了，要那么多骨灰盒干什么，还是节约点好。”于是，他们将骨灰盒精心保存在西花厅。16年后，骨灰盒拿出来时，仍旧跟新的一样。

7月18日清早6点半，西花厅的工作人员把七妈的骨灰盒从后院送到前厅，在这里进行最后的吊唁。7点20分，中央领导和有关部门的代表都到齐了，宋平、温家宝、陈慕华、洪学智等迈着沉痛的步子，走到邓颖超骨灰盒前三鞠躬，与她作最后的告别。然后七妈的骨灰将被护送到天津，这是她生前的遗嘱。

告别仪式结束后，高振普手捧邓颖超遗像，走进西花厅庭院，赵炜手捧骨灰盒紧随其后，中央领导同志、有关部门代表、亲属及工作人员都在他们后面。在大门外，为邓颖超开车的司机张贵州同志打开了车门，按惯例，赵炜、高振普、医生、护士最后一次陪着邓颖超坐在她生前坐过

周保常参与扬撒七妈的骨灰

的车里，车队在沿途数以万计群众的目送中从北京开往天津。我们亲属乘坐的车，默默跟在后面。

七妈生前交代，要用她平时坐的车将骨灰送到天津，千万不要惊动天津的领导和人民，“你们不声不响地把骨灰撒到海河里就回来”。她还一再叮嘱赵炜，在她去世后要向中央反映这一要求。然而，扬撒七妈骨灰是件大事，不可能不惊动天津人民，当灵车进入天津时，很多群众早已等候在马路两旁。他们戴着白花，手举横幅默默站立着，就是为了送七妈一程。

在天津市大礼堂进行了最后的祭奠之后，车队来到码头，在那里，“新海门”号轮船早已做好准备。12时15分，随着“新海门”号的汽笛长鸣，海河上所有的轮船都拉响了悲哀的汽笛，伴随着夏日的和风与一朵朵月季花，邓颖超的骨灰飘入海河。

模范夫妻

七妈与七伯相濡以沫几十年，长期以来夫妻之间形成了“八互”，做到了“八互”：“互爱、互敬、互勉、互慰、互让、互谅、互助、互学。”他们在延安时期和在中南海时期，都是有名的模范夫妻。

七妈与七伯于1925年结婚，至1976年七伯病逝，他们有着51年的婚姻生活，是度过了金婚的夫妻。然后，他们为了党的事业，祖国的命运，人民的利益，各自在自己的岗位上忙碌着，很少有团聚的日子，特别是身为国务院总理的七伯，日理万机，昼夜工作，更是无暇他顾。

1964年端午节，偌大的西花厅里只有七妈孤零零的一个人，每逢佳节倍思亲，七妈有感而发，做了一首诗送给七伯：

夫妻庆幸能到老，
无限深情在险中。
相偕相伴机缘少，
革命情义万年长。

恩来留念
颖超书赠
一九六四年六月十四日端阳

当年，七伯的部分骨灰撒在海河里；如今，七妈的骨灰也撒入海河，这样七妈又回到了七伯的身边，这对革命伴侣将永远厮守，永不分离！

1919年，在如火如荼的反帝反封建反殖民主义的“五四”爱国主义的运动中，七妈和七伯在天津相逢相识，斗争中的共同理想、相同的志趣使他们相亲相爱，并成为革命伴侣，在天津求学、求知，在一条战壕里并肩战斗。他们把天津当作自己革命的起点，当作自己的第二故乡。现在，他们走完了自己的人生旅程，双双叶落归根，魂归“故里”。

如今，在海河的岸边，耸立着一幢建筑，名为天津周恩来邓颖超纪念馆，这是唯一以他们两人的名字命名的纪念馆。这里记录着两位伟人的生平事迹，给人们留下了不尽的思念，也为后人提供着丰硕的精神食粮。

图书在版编目（CIP）数据

亲情的记录：珍藏本 / 中共中央文献研究室第二编研部编.
—青岛：青岛出版社，2015.7
ISBN 978-7-5552-1804-3
Ⅰ.①亲… Ⅱ.①中… Ⅲ.①邓颖超（1904～1992）–书信集 Ⅳ.①K827-7

中国版本图书馆CIP数据核字(2015)第053139号

书　　名　**亲情的记录**（珍藏本）
编　　者　中共中央文献研究室第二编研部
顾　　问　周保章
出版发行　青岛出版社
社　　址　青岛市海尔路182号（266061）
本社网址　http://www.qdpub.com
邮购电话　13335059110　（0532）85814750（传真）（0532）68068026
策　　划　姜正轩　吴宝安
策划编辑　高继民
责任编辑　杨成舜　刘　坤
封面设计　乔　峰　小　吴
照　　排　青岛竖仁广告有限公司
印　　刷　青岛国彩印刷有限公司
出版日期　2015年7月第1版　2015年7月第1次印刷
印　　张　9
字　　数　180千
书　　号　ISBN 978-7-5552-1804-3
定　　价　50.00元

编校质量、盗版监督服务电话　4006532017
青岛版图书售出后如发现质量问题，请寄回青岛出版社出版印务部调换。
电话（0532）68068638